Web 3.0
构建数字经济新未来

Web 3.0: Promoting a New Future of the Digital Economy

翟振林 / 著

四川科学技术出版社　中国科学技术出版社
·成　都·　　　　　·北　京·

图书在版编目（CIP）数据

Web3.0：构建数字经济新未来 / 翟振林著 . — 成都：四川科学技术出版社；北京：中国科学技术出版社，2024.1
　ISBN 978-7-5727-1222-7

Ⅰ . ① W… Ⅱ . ①翟… Ⅲ . ①信息产业－产业经济－研究 Ⅳ . ① F49

中国国家版本馆 CIP 数据核字（2023）第 233620 号

Web3.0：构建数字经济新未来
Web3.0：GOUJIAN SHUZI JINGJI XIN WEILAI

责任编辑	朱　光　杜凡如	策划编辑	杜凡如　于楚辰
封面设计	奇文云海·设计顾问	版式设计	蚂蚁设计
责任校对	黄云松　邓雪梅	责任印制	欧晓春　李晓霖

出　　版	四川科学技术出版社　中国科学技术出版社
发　　行	四川科学技术出版社　中国科学技术出版社有限公司发行部
地　　址	北京市海淀区中关村南大街 16 号
邮　　编	100081
发行电话	010-62173865
传　　真	010-62173081
网　　址	http://www.cspbooks.com.cn

开　　本	710 mm×1000 mm　1/16
字　　数	192 千字
印　　张	17.25
版　　次	2024 年 1 月第 1 版
印　　次	2024 年 1 月第 1 次印刷
印　　刷	北京盛通印刷股份有限公司
书　　号	ISBN 978-7-5727-1222-7
定　　价	79.00 元

（凡购买本社图书，如有缺页、倒页、脱页者，本社发行部负责调换）

崔玉鹏　黄土平　葛　军　苏丹萍

苏　兴　孙泽宇　张泽坤

Web 3.0

序　言

在过去的30多年里,我们见证了互联网从静态的、只读的Web1.0时代演化到动态的、交互的Web2.0时代,见证了谷歌、X(推特)、亚马逊、脸书、淘宝、微信以及滴滴等数亿乃至数十亿用户规模的巨型平台的崛起。Web2.0所带来的用户原创内容(UGC)、社交网络、网络购物、共享经济等彻底改变了人与人之间互动的方式,互联网已经成为我们生活中不可或缺的一部分。互联网发展过程中产生的数据要素被广泛应用,数字经济已经成为全球竞争力和国家繁荣的关键支撑,在经济发展、社会进步和国际竞争中具有举足轻重的地位。

但是Web2.0也越来越暴露出一些问题,居于垄断地位的平台积累并控制了海量的用户数据,数据安全和隐私保护面临严峻挑战,基于数字平台的知识产权的确权和交易无法顺利推进。网络权力的过度集中引发了人们对用户隐私、数据所有权以及平台滥用权力的广泛担忧。为了突破Web2.0的局限性,Web3.0应运而生,Web3.0是去中心化的、以用户所有权为中心的下一代互联网。区块链技术、加密数字货币、去中心化金融、非同质化代币等新技术与业态层出不穷,都为Web3.0的发展提供了有利的工具和手段。Web3.0让互联网用户真正拥有了个人数据的所有权以及自主的数字身份,任何用户可以将其创造的数据确权、通证化并通过去中心化交易变现,不仅体现了广泛的经济参与和价

Web3.0
构建数字经济新未来

值创造，也实现了更公平的价值分配。

Web3.0 目前已经在金融、社交、游戏等诸多领域产生了广泛而深入的应用。然而，Web3.0 与这些领域的结合是复杂多样的。Web3.0 应用在不断加速的同时，也暴露出用户体验不佳、实际应用比例较低、规模化程度不高等问题，Web3.0 的大规模应用之路仍然任重而道远。

本书是作者团队依托其丰富的 Web3.0 行业研究经验与深入的行业思考，所写作的 Web3.0 科普类书籍，全面地介绍了去中心化金融、非同质化代币、Web3.0 游戏、Web3.0 社交、Web3.0 音乐等目前 Web3.0 主要的应用领域，并结合上述领域在传统模式下的痛点以及具体业务场景介绍了 Web3.0 在各领域的典型应用，是一本非常易读易懂的 Web3.0 科普书籍。

廖理

清华大学五道口金融学院讲席教授、博士生导师

2023 年 10 月于清华园

过去的 30 多年，我们见证了互联网的巨大变革力量，从 Web1.0 时代的门户网站、企业黄页到 Web2.0 时代的即时通信、社交网络、电子商务、共享经济，互联网已经渗透到了我们生活的方方面面，然而互联网在给人们带来巨大便利的同时，其局限性也日渐显露，用户数据被垄断性平台所控制，用户隐私往往缺乏保护，利益分配也不公平、不合理。这些都在损害用户的隐私、安全和信任。

Web3.0 的诞生正是对上述问题的回应。Web3.0 的出现也标志着互联网的重大范式转变，互联网开始从利润导向转向用户至上、从中心化转向去中心化、从平台控制数据转向用户拥有数据。随着 Web3.0 技术的不断发展，其应用范围在日渐扩大，从最初的点对点支付场景已经拓展到现在的 DeFi、NFT、游戏、社交、音乐等多个领域，其用户人群也在快速壮大，目前 Web3.0 用户已经达到了上千万。虽然 Web3.0 目前仍然小众，但是星星之火，可以燎原，其未来是不可限量的。

目前市场上已经有了不少介绍 Web3.0 的书籍，但是基本都只着重于对 Web3.0 的总体介绍，而对 Web3.0 已经产生的广泛应用案例缺乏关注，无法让读者了解 Web3.0 在各领域的应用情况。有鉴于此，本书除了 Web3.0 的总体介绍外，还着重介绍了 Web3.0 的应用情况。

本书首先对 Web3.0 的概念进行了多角度阐述，包括 Web3.0 的演

Web3.0
构建数字经济新未来

化过程、基本概念、核心要素、优势与局限性以及 Web3.0 与元宇宙的关系等，以帮助读者全方位了解 Web3.0 的概念。本书接着又介绍了 Web3.0 的技术基础与基础设施，以帮助读者深入了解 Web3.0 的运行原理。区块链是 Web3.0 的底层设施，为 Web3.0 构建了去中心化的信任机制、结算机制以及执行机制，而预言机、加密钱包、去中心化身份（DID）、分布式存储、DAO 等中间层则为 Web3.0 提供了链下数据接口、用户入口、用户身份、存储设施、组织机制等必要功能。本书随后又用较大篇幅介绍了 Web3.0 在 DeFi、NFT、社交、游戏、音乐等领域的应用，分析了 Uniswap、NBA TOP Shot、Lens、Axie Infinity、Audius 等头部应用，以帮助读者了解 Web3.0 在各场景中的应用模式。代币经济学是 Web3.0 的特色构成，所以本书还专门介绍了代币经济学理论，包括代币经济学的概念、作用以及设计原则等。最后本书还基于作者团队丰富的行业经验对 Web3.0 的未来进行了展望。

值得注意的是，Web3.0 是一个快速发展的领域，技术在不断迭代，创新应用也在不断涌现，本书内容只反映了 Web3.0 在出版之前的情况，而 Web3.0 的发展旅程仍在继续。我们鼓励读者保持好奇心，进一步探索并积极参与 Web3.0 社区，见证 Web3.0 的持续演变并为其发展做出贡献。

最后，我衷心感谢专家组成员的无私支持和宝贵建议。他们的专业知识和独特见解为本书的撰写提供了宝贵的指导。在他们的协助和支持下，本书顺利地完成。我深感荣幸能够与他们一起合作，共同推动这一

前言

领域的进步和发展。再次向他们表示最诚挚的感谢，希望我们的努力能为 Web3.0 领域带来新的视角和启示。

翟振林

2023 年 9 月

Web 3.0

Web3.0

目　录

| 第一章
**Web3.0
是什么？** | 第一节　互联网的进化：从 Web1.0 到 Web3.0 – 003
第二节　Web3.0 的核心要素 – 007
第三节　为什么 Web3.0 需要去中心化？ – 009
第四节　Web3.0 的优点与局限 – 012
第五节　Web3.0 与元宇宙 – 017
第六节　Web2.5：Web2.0 与 Web3.0 之间的过渡 – 019 |

| 第二章
**Web3.0
基础设施** | 第一节　区块链 – 024
第二节　分布式存储 – 063
第三节　加密钱包：进入 Web3.0 世界的门户 – 074
第四节　预言机：Web3.0 数据接口 – 084
第五节　DID：Web3.0 身份体系 – 094
第六节　Web3.0 隐私方案 – 103
第七节　DAO：Web3.0 的组织形态 – 115
第八节　Web3.0 域名 – 124 |

| 第三章
**Web3.0
应用生态** | 第一节　DeFi：Web3.0 金融基础设施 – 136
第二节　NFT：Web3.0 资产市场 – 154
第三节　Web3.0 游戏 – 173
第四节　Web3.0 社交 – 188
第五节　Web3.0 音乐 – 203
第六节　Web3.0 数据中间层 – 218 |

Web3.0
构建数字经济新未来

第四章 **代币** **经济学**	第一节 代币与代币经济学 – 230 第二节 代币设计框架 – 241
第五章 **Web3.0** **展望**	第一节 从 DID 到去中心化的社会 – 250 第二节 低门槛钱包获得广泛采用 – 252 第三节 Layer1 将成为主流 – 253 第四节 LSD、RWA 及混合流动性 DEX 将成为 DeFi 主流叙事 – 255 第五节 NFT 开始真正超越 PFP 炒作 – 261

Web3.0 是什么？

第一章 | CHAPTER 1

Web3.0
构建数字经济新未来

我们先回顾一下"Web3.0"概念的演变过程。

Web3.0起初是指一个能够让互联网数据跨越各个系统及应用,实现机器可读的通信框架,所以通常也被称为"语义互联网"。

以太坊(Ethereum)联合创始人加文·伍德(Gavin Wood)在2014年发表的文章《Dapp:Web3.0是什么》("Dapp: What Web3.0 Looks Like")中,重新定义了Web3.0的概念,Web3.0成为基于区块链技术的,可以基于"无须信任的交互系统"在"各方之间实现创新的交互模式"[1]。这篇文章的重点并不是加密资产,而是共识引擎和密码学等协议和技术。这些协议和技术可以实现更强大的网络社会合约。他之后又阐述了Web3.0的终极目标,那就是"更少信任,更多事实"。

从那时起,Web3.0就成为一个包罗万象的术语,涵盖与下一代互联网有关的任何事物。不过许多人对这个概念有不同的见解,传统科技企业和新兴区块链行业都在不停思考Web3.0的核心价值主张和协议是什么,以及它对未来的信任模式会产生哪些影响。

---

[1] John Bogna. What is Web3 and How Will it Work?[EB/OL]. [2023-06-15]. https://www.pcmag.com/how-to/what-is-Web3-and-how-will-it-work.

第一章
Web3.0 是什么？

第一节
互联网的进化：从 Web1.0 到 Web3.0

要充分理解 Web3.0 的含义，就必须先看互联网的发展史，以及 Web3.0 与 Web 前两个发展阶段的不同之处。

1990 年，在欧洲核子研究组织（CERN）任职的计算机专家蒂姆·伯纳斯 - 李（Tim Berners-Lee）提出了 Web 的三项基础核心技术：HTML（超文本标记语言，网络的标记或格式化语言）、URI/URL（统一资源标识符／定位器，用于标识网络上每个资源的唯一地址）以及 HTTP（超文本传输协议，允许从网络上检索链接资源），并创建了世界上首个浏览器（WorldWideWeb.app），这标志着 Web（万维网）的诞生。

Web 诞生后的发展大致可以划分为 Web1.0、Web2.0、Web3.0 三个阶段。

一、Web1.0（1990—2004 年）

Web1.0 大约从 1990 年持续到 2004 年，属于 Web 的第一次迭代。到 20 世纪 90 年代中期，随着网景通信公司（Netscape Communications Corporation）的 Navigator 和微软公司（Microsoft Corporation）的

Web3.0
构建数字经济新未来

Internet Explorer 等浏览器的出现并获得大量用户，Web1.0 时代才真正到来。

Web1.0 是一个只读（read-only）网络，网站一般都只有由文本或图片构成的静态网页，网页上的内容不是由数据库而是由静态文件系统提供的，用户只能阅读网页而无法与网页进行交互。

Web1.0 时代的互联网是构建在开放社区与开放协议之上的，所以具有如下特点。

*去中心化：*Web1.0 是由普通电脑驱动的，而不是大型数据中心，当然这导致了 Web1.0 的性能很弱。

*开源性：*开源的含义是任何人都可以用任何方式基于开放协议进行构建，正是 Web1.0 的开源性为亚马逊（Amazon）与谷歌（Google）等互联网巨头的诞生提供了肥沃土壤。

二、Web2.0（2005 年至今）

2005 年以后，随着互联网技术的进步，Web 在使用范式上实现了从只读（read-only）向读写（read-write）的转变，从而进入了 Web2.0 时代。Web2.0 的交互性使得用户也可以生成内容，极大地释放了网络的内容生产力，Web2.0 的社交连接性则大大丰富了人们的网络关系与社交图谱，而功能强大的智能手机的流行则让人们随时随地可以与网络连接，使移动应用程序成为使用互联网的主要方式。

第一章
Web3.0 是什么？

所以在 Web2.0 时代，互联网迎来了前所未有的繁荣发展，出现了爱彼迎（Airbnb）、脸书（Facebook）、推特（Twitter）[①]、微信（WeChat）、抖音（TikTok）等拥有 10 亿以上用户的超级应用。

伴随 Web2.0 的繁荣发展，也出现了高度垄断、用户权益缺乏保障、贡献与收益严重错配等问题，下文会详细阐述[②]。

三、Web3.0

2008 年，中本聪发布了比特币白皮书，在其中指出了区块链技术的核心基础并发明了点对点的数字货币，由此掀起了 Web3.0 的范式革命。比特币彻底颠覆了我们对数字化交易的概念，并首次提出了一种可信中间方的安全在线交易模式。中本聪写道："需要基于加密证明，而非信任，来建立电子支付系统。"[③]

比特币只是实现了去中心化的点对点支付，而智能合约的引入则极大地拓展了可编程协议的概念，使区块链可以应用在交易、借贷、理财、游戏、保险、社交等丰富多元的应用场景，大大增加了加密行业的想象空间。智能合约用户可以直接、安全地交互，由此打造了一个更加

[①] 在 2023 年更名为"X"。——编者注
[②] w3cschool. 什么是 Web3.0，与当下 Web 有什么区别，在未来真的能实现吗？[EB/OL]. [2023-05-22]. https://zhuanlan.zhihu.com/p/518293050
[③] Chainlink. 正本清源，一篇文章说清楚什么是 Web3.0. [2023-06-11]. https://new.qq.com/rain/a/20220212A01Z7W00.html

Web3.0
构建数字经济新未来

公平、透明的信任最小化的全新互联网。

2014年，加文·伍德提出了Web3.0的概念，即"一个安全的、由社会运行的系统"。简单地说，Web3.0是一个融合了智能合约与区块链技术的去中心化网络。Web3.0继承了Web1.0的去中心化理念与技术架构，还融合了Web2.0多样化的交互方式，进而形成了Web3.0的应用生态。Web3.0用户不仅能够完全掌控自己产生的数据，而且可以通过加密技术保障自身的信息安全与财产安全。在Web3.0生态中，用户不再需要信任某个人或某个机构，而只需要信任写入智能合约的开源的、透明的代码，由代码来严格执行协议。

随着区块链技术和加密行业的不断发展，Web3.0自2021年起开始受到广泛关注。

从核心特性上看，Web3.0从Web2.0的read-write进一步发展为read-write-own（读－写－拥有）。

Web3.0的"own"指的是所有权，它意味着Web3.0生态的参与者根据其贡献获得了Web3.0中相应资产的所有权。Web3.0还引入了代币这种新的所有权模式，既有以太币（ETH）这种同质化代币，也有非同质化代币（NFT）。代币通常是对参与方贡献的奖励或对参与方资产的确权[1]。

---

[1] James Beck（ConsenSys）. 一文读懂Web3.0：互联网发展的新时代[EB/OL].
[2023-06-05].https://mp.weixin.qq.com/s/qmc5TdsREBnDFGNOWVLpRA.

第一章
Web3.0 是什么？

例如，以太坊质押节点通过维护以太坊账本更新及网络安全而获得了 ETH 奖励；Web3.0 协议开发者通常也会获得相应的项目代币份额；音乐人可以将其作品铸造为音乐 NFT[①]，从而实现其音乐版权在 Web3.0 生态中的确权；NFT 的购买者可以获得该 NFT 对应的版权。

表1.1对 Web3.0 与 Web1.0、Web2.0 之间的差异做了总结和对比。

表 1.1　Web3.0 与 Web1.0、Web2.0 对比

差异	Web1.0	Web2.0	Web3.0
交互方式	read-only	read-write	read-write-own
媒介	静态文本	交互内容	虚拟经济体
组织形式	公司	平台	网络
基础设施	个人 PC	智能手机 & 云	区块链
控制权	去中心化	中心化	去中心化

第二节

Web3.0 的核心要素

Web3.0 以"去中心化"为其核心理念。Web3.0 致力于在区块链

[①] Non-Fungible Tokens，非同质化代币，本处指原生数字藏品。——编者注

Web3.0
构建数字经济新未来

和密码学的基础上构建一个以用户为核心的，更为开放、透明、公平的互联网。在 Web3.0 所创造的新范式中，权利被分散到参与者社区中，各参与者之间基于机器信任进行点对点交易，消除了对中介的需求，并创造了一个更加民主的数字化社会。

Web3.0 以区块链为其底层技术。区块链是一个由各参与方共同维护的分布式账本，通过消除对中心化机构的依赖来确保信任和安全，具有去中心化、公开透明、交易记录可追溯、不可篡改等特点。区块链的这些特点与 Web3.0 的理念高度匹配，因而成为 Web3.0 理想的底层技术。

Web3.0 还包含智能合约的概念，即自动执行其中编码的条款和条件的自动执行协议。智能合约建立在以太坊等区块链平台上，可以创建去中心化应用程序（Dapp）。这些 Dapp 的范围从无须中介即可提供金融服务的去中心化金融（DeFi）协议到让用户控制其数据和内容的去中心化社交媒体平台。

此外，Web3.0 引入了数字身份和所有权的概念。通过 Web3.0，个人有能力拥有和控制自己的数字资产，例如，加密货币、数字艺术和虚拟房地产。这种向用户主权的转变挑战了第三方掌握和控制我们在线存在的现有范式。

隐私是 Web3.0 的另一个基本支柱。在当前的网络环境中，我们的个人数据通常由中心化平台收集、存储和货币化。Web3.0 试图让个人更好地控制他们的数据，使他们能够选择共享数据的方式和时间。通过利用诸如零知识证明和去中心化身份系统之类的加密技术，Web3.0 旨在保护隐私，同时仍然允许安全的以及经过身份验证的交互。

此外，Web3.0 鼓励协作和开源开发。它促进了一种社区驱动的方法，任何人都可以为技术堆栈的进步做出贡献。这种合作精神促进了创新，并有助于防止权利集中在少数科技巨头手中。

Web3.0 不仅仅是一个理论概念，它已经蓄势待发。许多项目和计划正在积极致力于实现去中心化互联网的愿景。从以太坊、Avalanche 等智能合约平台，到 Metamask 钱包、Chainlink 预言机等 Web3.0 中间件再到 Audius 音乐流媒体、Axie Infinity 链游等 Web3.0 应用，Web3.0 的生态正在快速发展壮大。

第三节
为什么 Web3.0 需要去中心化？

"去中心化"是 Web3.0 的核心特性之一，但这一概念经常被误解。尽管自由主义意识形态和对抗政府审查是"去中心化"理念的源头，但"去中心化"日益深入人心的核心原因在于中心化平台自身存在难以克服的缺陷。

Web2.0 的中心化平台往往会表现出明显的周期性。在创建之初，这些平台会努力吸引用户及第三方（开发者、创作者、企业等），以增强平台的多边网络效应，从而提升平台价值。这个过程中平台采用度会沿着 S 曲线向上移动，如图 1.1 所示。平台对用户及第三方的影响也会逐步增强[1]。

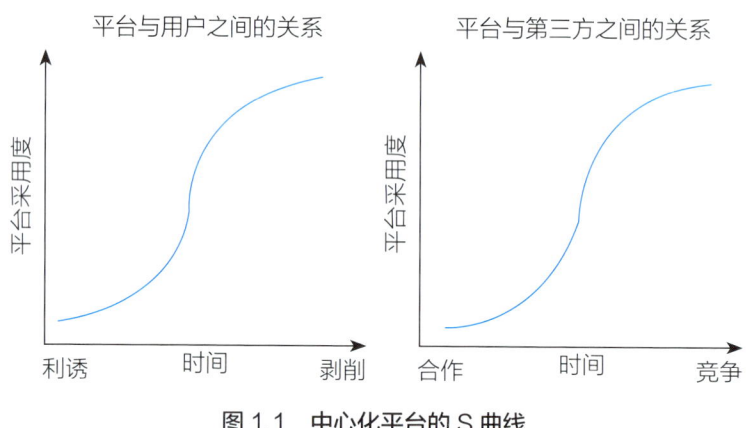

图 1.1　中心化平台的 S 曲线

随着平台采用度沿着 S 曲线不断上升，平台对用户逐渐从初期的"利诱"转向后期的"剥削"，这意味着平台开始攫取价值，例如，从之前的用户体验优先转向广告收入优先，应用程序编程接口（APIs）政策也从开放转向封闭。与此同时，平台对第三方也从初期的"合作"转变为后期的"竞争"，这一过程意味着第三方的利益被平台蚕食。这会导致第三方越来越谨慎，在中心化平台上开发建设的意愿会越来越低。过往的全球互联网实践表明，两败俱伤是这种模式下的必然结局。用户

---

[1] Cdixon. Why decentralization matters[EB/OL].[2018-02-18]. https://cdixon.org/2018/02/18/why-decentralization-matters

第一章
Web3.0 是什么？

在平台的引诱下放弃隐私，使其数据及数字身份的控制权被转移到平台手中，其隐私安全与数据安全难以得到保障。从 Web2.0 的发展趋势来看，中心化平台的上述问题正变得越来越严重。

在 Web3.0 中，开放的内容和连接使得任何人都可以构建应用程序，因此应用程序难以进入"提取"阶段，这是产生大部分利润的阶段。如果用户对应用程序不满意，他们可以选择并转移到另一个应用程序，而开发人员也可以在相同的基础设施、内容和社交图谱之上开始自己的项目或分叉项目。虽然这对用户、开发人员和整个生态系统可能更健康，但对于应用程序的盈利能力来说却很不确定。

这种价值可能会归于协议，因为协议可以利用用户和应用程序开发人员相互吸引的"间接"网络效应来积累价值。例如，在 Lens 协议之上构建越来越多的开发人员吸引了更多的用户，他们分享了更多的内容和与该协议的社交图谱，这使其成为下一个开发人员更倾向的选择。Lens Protocol 可以以收费的方式收取大量费用，受益于平台使用量的整体增长，而无须担心构建在上面的任何特定应用程序的黏性。

如果一个协议的费用过高，这就意味着它从"吸引（attract）"阶段进入了"提取（extract）"阶段，从而会导致开发人员离开并带走他们的用户。协议费用应当保持足够低的水平以留住开发人员，实现最小化的利润提取，使得新协议的进入企图缺乏经济价值。换句话说，协议仍然可以赚钱。但是最小化的利润提取并不意味着协议的权益代币只能获得最小价值。如果某个协议采取最低限度的利润提取，但在全球范围内有广泛的应用，那么用于协调的资产仍然可以获取大量价值。

第四节
Web3.0 的优点与局限

一、Web3.0 的优点

尽管 Web3.0 的种种优点不是孤立存在的，也不适合简单地分类，但为了简单起见，我们尝试将其分别列出来以使它们更容易理解[①]。

（一）用户所有权

Web3.0 正在用前所未有的方式将数字资产的所有权赋予用户。

在 Web2.0 时代，当一个玩家购买游戏内道具时，道具会直接绑定在用户账户上，而用户账户则由游戏平台管理，一旦用户账户被游戏平台删除，用户就会失去这些道具。此外，如果用户转玩另一个 Web2.0 游戏，他在前一个游戏内所拥有的道具也无法迁移到新的游戏中。

---

① Ethereum Foundation. Introduction to Web3[EB/OL]. [2023-09-20]. https://ethereum.org/en/web3/

第一章
Web3.0 是什么？

Web3.0 则允许用户通过非同质化代币（NFT）直接拥有所有权。任何人，包括游戏创作者，都无法剥夺用户的所有权。如果用户不再玩这个游戏了，可以在公开市场上出售或交易游戏内物品并收回它们的价值。

（二）免许可

在 Web2.0 网络中，平台与内容创作者之间的权利关系存在严重失衡。

Web2.0 平台用户实际上拥有的只是超级平台许可下的使用权，而一旦用户账户被超级平台禁止使用，用户就会失去其在该平台上辛苦积攒的声誉和内容。

Web3.0 平台的用户数据位于区块链上，数据归用户所有。当 Web3.0 用户决定从一个平台转移到另一个平台时，可以无缝转移其声誉和数据。

Web2.0 平台需要内容创作者信任平台不会随意对其账户进行限制，而 Web3.0 平台则天然具有免许可的特性。

（三）去中心化治理

在 Web3.0 平台中，用户除了拥有其创造的内容数据之外，还可以使用平台的治理代币，通过参与去中心化自治组织（DAO）来对平台进行治理。

DAO 让用户可以协调平台的分散化所有权，以及对平台的未来做出决策。从技术角度来看，DAO 是一个包含了事先约定的治理规则的智能合约，代币持有人可以发起治理提案，并由所有代币持有人对提案进行投票，投票结果由合约代码自动执行。

目前许多 Web3.0 社区都以 DAO 的形式运行，这些社区通过代码实现了不同程度的去中心化治理和自动化执行。

（四）去中心化身份（DID）

Web2.0 用户需要为其使用的每个平台都创建一个账户，并且分别进行管理。例如，一个中国用户可能同时有微博账户、微信账户和知乎账户，当他需要更改个人信息时，必须分别登录微博、微信和知乎账户，并在每个账户中进行操作。在某些情况下，你可以使用社交媒体账户登录，但这会带来一个常见的问题——审查。只需点一下，这些平台就可以封锁你的整个线上生活。更糟糕的是，许多平台要求你给他们提供你的个人识别信息才能创建账户。

Web3.0 则允许用户创建去中心化身份，从而解决了这些问题。例如，以太坊用户可以使用以太坊地址和以太坊域名服务配置文件来控制其数字身份，实现跨平台单点登录，这种登录方式具有匿名、安全、抗审查的特点。

（五）原生支付功能

Web2.0 的支付网络高度依赖银行、第三方支付等传统金融机构，没有银行账户或遭受外汇管制的人群就会面临难以克服的支付障碍。Web3.0 使用诸如以太币之类的代币直接通过钱包汇款，不需要受信任的第三方。

二、Web3.0 的局限

尽管 Web3.0 具有许多优点，并表现出了极大的发展潜力，但 Web3.0 目前还很不成熟，仍然存在许多阻碍其发展的障碍。

（一）使用成本高

以太坊是目前使用最广泛的 Web3.0 底层设施，但是其高昂的使用成本让许多潜在用户望而却步。以太坊的高成本问题正在通过网络升级和 Layer1 扩容解决方案得到解决。此外，还存在 Polygon 等以太坊侧链以及高性能公链 Solana 等低成本 Web3.0 底层设施。

（二）用户体验差

Web3.0 的使用门槛仍然过高。使用加密钱包需要保存复杂的私钥与钱包助记词，Web3.0 应用的交互过程往往也更复杂，而且用户需要面临迥异于 Web2.0 的种种安全风险。加密钱包开发者正在努力解决这个问题，但在 Web3.0 被大规模采用之前还有很长的路要走。

（三）教育不足

Web3.0 引入了新的范式，这些范式要求学习不同于 Web2.0 上使用的心理模型。随着 Web1.0 在 20 世纪 90 年代后期兴起，类似的教育活动也出现了。Web1.0 的支持者使用一系列教育技术来教育公众，从简单的阅读形式（信息高速公路、浏览器、网上冲浪）到电视播放等不一而足。Web3.0 的教育范式并不难，但却与 Web1.0 不同。让 Web2.0 用户了解这些 Web3.0 范式的教育计划对其成功至关重要。

（四）基础设施缺陷

Web3.0 的基础设施建设在目前依旧存在很大的不足。一方面，Web3.0 基础设施性能不足，难以应对高并发需求，一旦出现热门应用就容易出现拥堵；另一方面，Web3.0 基础设施的安全性也难以保障，跨链桥的安全问题尤其严重，成为 Web3.0 安全事件的重灾区。

Web3.0 目前在很大程度上需要依赖 Web2.0 的中心化基础设施（GitHub、推特、Discord 等）。许多 Web3.0 公司争先恐后填补这些空白，但构建高质量、可靠的基础设施需要时间。

第一章
Web3.0 是什么？

第五节
Web3.0 与元宇宙

近年来，元宇宙的概念受到了极大的关注，吸引了技术爱好者和有远见者发挥想象力。它代表了一个完全身临其境的数字领域的未来愿景，一个与我们的物理世界交织在一起的虚拟世界，提供无限的可能性和体验。元宇宙通常被描述为互联网发展的下一个阶段，它有望改变我们互动、交流、工作和娱乐的方式。

元宇宙的核心是一个由虚拟空间、增强现实和混合现实体验组成的巨大互联网络。它超越了传统的虚拟现实，无缝融合了数字世界和物理世界，创建了一个统一、持久和共享的空间，用户可以在其中实时地相互交互以及与周围环境交互，将其视为超越屏幕和设备界限的三维交互式互联网，能够沉浸在全新的数字现实中。

元宇宙包含大量的虚拟环境，比如从对现实世界位置的高度逼真模拟到完全受想象力限制的奇幻领域。可以通过各种接口访问这些环境，包括虚拟现实耳机、增强现实眼镜、触觉反馈设备，甚至是直接与人脑交互的神经接口。

元宇宙的一个关键方面是它的社会性质。它作为人类互动的枢纽，让全球各地的人们能够以从前无法想象的方式联系、交流和协作。在元宇宙中，用户可以通过栩栩如生的化身相互见面和互动，使他们能够表

Web3.0
构建数字经济新未来

达自己、建立关系并参与共享体验。它有可能打破地理障碍，促进文化交流，并创建超越物理限制的新社区。

此外，虚拟世界并不仅限于社交互动。它对各个行业和部门都有深远的影响。例如，在教育领域，它提供了沉浸式和个性化学习体验的可能性，学生可以在其中探索历史事件、前往遥远的国度并与虚拟老师和同学互动。在商业世界中，虚拟世界为远程工作、虚拟会议和沉浸式产品演示开辟了新途径。它还为虚拟音乐会、身临其境的故事讲述和互动游戏等创新娱乐体验提供了沃土。

然而，构建一个完全能实现的虚拟世界并非易事。它需要在众多技术领域取得进步，包括人工智能、虚拟现实、增强现实、区块链、云计算和连接基础设施等。它还需要仔细考虑道德、隐私和安全问题，确保元宇宙是一个对所有参与者都具有包容性和安全性的空间。

虽然元宇宙的概念仍处于早期阶段，但几家科技巨头、初创公司和社区正在积极努力实现它。它们正在探索新技术、试验新方法，并为虚拟世界成为我们日常生活不可或缺的一部分的未来奠定基础。

元宇宙与 Web3.0 存在很强的相关性，两者都以区块链为底层技术，都构建了加密货币以及 NFT 的经济系统，不过两者也存在明显的区别。

元宇宙侧重前端，对于硬件有着明确的要求。例如，元宇宙要实现高沉浸感，对 AR/VR 设备有很高的要求，而其实时性则对网络设施有着高要求。元宇宙实际上是科技巨头从业务场景角度对于未来的展望，而Web3.0则着重后端，更多的是对网络经济生产关系的根本性变革。

我们认为从某种程度上可以认为元宇宙是Web3.0发展到一定阶段后的具体应用场景。

第六节
Web2.5：Web2.0与Web3.0之间的过渡

虽然Web3.0被普遍看作是对Web2.0的革命，但实际上Web3.0与Web2.0之间并不是截然对立的。

一方面，虽然加密货币、NFT等Web3.0资产受到广泛欢迎，但是目前Web3.0基础设施在易用性、安全性、性能等方面仍然存在很大的不足，导致其采用度仍然较低。例如，Metamask是使用最广泛的Web3.0钱包，某种程度上可以被认为是Web3.0的入口，截至2022年12月，其月活用户规模为3 000多万；而头部Web2.0社交平台脸书及其家族产品应用月活人数（MAP）高达36亿，两者用户规模存在数量级差距。在此情况下，很多Web3.0从业者仍然在很大程度上需要依赖Web2.0的基础设施［例如，亚马逊网络服务（AWS）等］和Web2.0应用（推特、Discord等）。

Web3.0
构建数字经济新未来

另一方面，虽然Web2.0平台仍然是目前的主流，但是Web2.0已经到了成熟期，缺乏成长空间，所以许多Web2.0巨头试图通过与Web3.0的结合来拓展新的发展空间。

Web3.0与Web2.0结合之后形成的就是Web2.5，Web2.5的普遍形态是将使用门槛低、用户体验好的Web2.0应用前端与Web3.0资产相结合。

加密行业中，最典型的Web2.5应用是中心化加密交易所，中心化交易所的用户可以用信用卡和应用程序等Web2.0基础设施来交易Web3.0资产。中心化交易所可以通过Web2.0的方式来搭建产品和提供用户增长策略，无论开发产品，还是用户增长策略，都与Web3.0没有关系，但是中心化交易为普通人提供了一个获得Web3.0资产的简便方式，从而为Web3.0的发展和采用做出了贡献。

当前的头部Web2.0平台中，Discord、Reddit和推特都在尝试发展Web2.5路线。2022年1月，推特宣布其用户只要成为Twitter Blue会员就可将NFT设置为账户的个人头像。Reddit则基于以太坊的Layer2网络Arbitrum为旗下几个大型社区创建了一个积分系统；Discord则考虑使用Metamask来处理用户登录，并对一些用户进行了关于引入NFT的调查。

游戏领域走Web2.5路线的代表是传奇四。传奇四延续了热血传奇的玩法，但是引入了加密货币和NFT，建立了一套P2E（Play-to-Earn）机制，相当于Web2.0的游戏加上Web3.0的资产类别。

第一章
Web3.0 是什么？

甚至在传统媒体中，也有走 Web2.5 路线的 Times。2021 年 9 月，Times 宣布发行 TIME Pieces 系列 NFT，收藏了来自 40 位艺术家的 4 676 件作品，其中有四分之一曾为 *Times* 制作过杂志封面。拥有 TIME Pieces 的藏家可以无限制地观看 time.com 的所有内容，并且拥有独家特权，比如实体或者线上活动的邀请等。

Web3.0 基础设施

第二章 | CHAPTER 2

Web3.0
构建数字经济新未来

第一节

区块链

一、区块链概述

（一）区块链概念

区块链的概念源于中本聪在 2008 年发布的比特币白皮书，白皮书中阐述了一种全新的数字货币，它基于区块链技术来实现可靠的点对点交易，不再需要中介机构。

从那时起，区块链技术已经发展成为不仅仅是一种交换数字货币的手段。它现在已被用于解决各行各业的广泛问题，从金融交易、抵押借贷到物联网、供应链管理，再到粉丝经济、品牌运营。

从基本原理来看，区块链是一连串的区块，每个区块包含一组交易。每个区块都按线性时间顺序链接到前一个区块，从而创建一条牢不可破的信息链。这些区块通过加密算法进行保护，因此几乎不可能更改

第二章
Web3.0 基础设施

或篡改数据[①]。

区块链的去中心化特性意味着没有单点控制或故障，使其比传统的中心化系统更加安全可靠。区块链上的交易由节点网络确认和验证，每个节点都有整个区块链的副本，这使得任何单个节点或节点组几乎不可能操纵数据。

区块链是一项有可能改变我们的生活和工作方式的强大技术，其去中心化和透明的特性使其成为比传统中心化系统更安全可靠的替代方案，而其潜在用例几乎是无限的。随着技术的不断发展和成熟，我们很可能会在未来几年看到更多令人兴奋的区块链应用。

（二）区块链的分类

区块链网络根据参与方式的不同，一般可分为公链、联盟链和私有链。

1. 公链

公链是整个 Web3.0 网络的底层协议，相当于 Web3.0 的底层"操作系统"。

公链全称是公有区块链，是一种免许可的、高度去中心化的区块链，任何人都可以不经允许自由加入或退出其网络活动。知名公链包括

---

① 中国区块链技术和产业发展论坛. 中国区块链技术和应用发展白皮书（2016 年）[EB/OL]. [2023-05-31]. http://www.bjeth.com/wp-content/uploads/2021/07/chinablockchain2016.pdf

以太坊、BNB 链、Solana、Avalanche、Near 等。

公链代表了一种去中心化和透明的系统，可以实现安全、不可变和可验证的交易和数据存储，无须中介或中央机构的参与，其本质上是一个分布式账本，记录和验证跨计算机网络（称为节点）的交易。与传统的由单个实体掌控账本的控制权的中心化系统不同，公链由参与者网络（通常称为矿工或验证者）共同维护。这种分布式性质确保了没有任何一个实体对区块链拥有绝对的控制权，使其能够抵抗审查、篡改或未经授权的修改。

公链的一个重要特点是透明性。所有记录在区块链上的交易对所有参与者都是可见的，提供了一个开放和可审计的系统，任何人都可以检查账本并验证交易的真实性。这种透明性促进了信任和问责制，因为它消除了依赖中介或集中机构来确保系统完整性的需求。

公链还依赖于共识机制来验证和确定区块链的状态。共识机制，如工作量证明（POW）或权益证明（POS），确保网络中大多数参与者对交易的有效性和添加到区块链的顺序达成一致意见。这个共识过程确保了区块链的不可变性，使恶意行为者想要修改或操纵过去的交易极其困难。

此外，公链通常伴随着其原生的加密货币或代币。这些加密货币作为激励参与者贡献计算能力或抵押代币以维护区块链的安全性和完整性的手段。它们还可以促进区块链网络内价值的无缝转移，实现无边界和近乎即时的交易，无须传统金融中介。

2. 联盟链

联盟链是指由经许可的多个成员共同维护账本的区块链，所有区块都需要由全体参与记账的节点共同确认后生成，之后链上信息经许可的成员才能读取，需要经过许可后才能接纳新的节点。

联盟链被认为是"部分去中心"或者是"多中心"的区块链，通常节点规模较少，系统运行效率更高、成本更低，事务处理系统（TPS）的效率相比公链更高，从而更易在实际业务场景落地。联盟链另一个重要特点是节点准入控制，可以确保认证准入、制定监管规则以符合监管要求。

联盟链能够适应分布式商业中的合规有序以及多方对等合作的需求，例如：多个机构之间的交易结算，就适合采取联盟链的形式，通过打造一个分布式商业生态来大幅提高效率[1]。

3. 私有链

私有链是由单个人或单个组织掌握写入权限的区块链，私有链的数据编写与数据访问都有严格的权限限制。私有链可以避免大型机构内的某个节点随意篡改信息，即使出现了错误或篡改性能，也能够及时发现。

私有链上的记账节点通常较少，不需要进行竞争出块资格，而且私有链的记账节点都是内部节点，记账环境可控，所以私有链通常拥有成本低、性能高、隐私强等特点。私有链比较适合于金融机构、企业集团

---

[1] 工信部信息中心. 2018年中国区块链产业白皮书[EB/OL].[2023-08-31]. http://dcbcl.haut.edu.cn/ups/files/20210415/1618481195518620.pdf

等大型中心化组织。

(三) 区块链核心技术

1. 分布式账本

分布式账本技术（Distributed Ledger Technology，DLT）是一种可在多个物理地址、多个网络节点或多个组织构成的网络中进行数据的分享、同步与复制的分布式数据存储技术[①]。

从技术角度看，账本是一系列包含信息和交易的数据结构，可以记录各参与方的通信信息与交易信息等。在区块链中，交易被打包成区块，然后区块被顺序连接成逻辑上的链，所以区块链实质上是一个不断叠加、不断增长的账本。如果是公有链，其账本会完全公开，例如，比特币和以太坊；而联盟链其账本旨在联盟内部公开，例如，Hyperledger Fabric。

2. 共识算法

共识算法在区块链技术这样的分布式系统中发挥着基础性作用，因为它们使节点网络能够在不依赖中心化机构的情况下就交易的有效性和顺序达成一致。这些算法确保了网络维护的去中心化账本的一致性、安全性和完整性。

[①] 华为技术有限公司. 华为区块链白皮书：构建可信社会，推进行业数字化[EB/OL]. [2023-06-23]. https://developer-res-cbc-cn.obs.cn-north-1.myhuaweicloud.com/upload/files/pdf/20180411/20180411144924_27164.pdf

第二章
Web3.0 基础设施

在分布式系统中，共识是指在多个参与者（通常称为节点或验证器）之间就系统状态达成一致的过程。共识算法旨在应对在存在潜在故障、恶意行为者或网络延迟的情况下保持一致的网络视图的挑战。

目前加密行业已经开发和实施了几种共识算法，每种算法都有自己的方法和特点，包括 POW、POS、DPOS 等。

POW 是指工作量证明（Proof of Work）。矿工通过比特币矿机提供的算力来竞争性解决复杂的数学难题，以获得验证和向区块链添加新块的权利，并获得相应的出块奖励。这种算法会消耗大量的算力和能源，对环境不友好，因而出现越来越大的争议。

POS 是指权益证明（Proof of Stake）。这种共识机制根据验证者质押的代币数量来分配验证者获得记账权的概率。与 POW 相比，这种方法降低了计算要求和能源消耗，使其更加节能。POS 还引入了"最终性"的概念，一旦一个块被添加到区块链，它就被认为是确认的并且不能被撤销。

DPOS 是指委托权益证明（Delegated Proof of Stake）。代币持有者投票选出有限数量的区块生产者，负责验证交易。

还有一些变体和混合模型结合了多种共识算法以针对不同的用例和网络要求进行优化。

共识算法的选择取决于诸如所需的去中心化程度、可扩展性、能效和安全性等因素。不同的区块链平台和项目可能会根据其特定需求和目标采用不同的共识算法。

共识算法对于确保区块链网络的安全性和可信性至关重要。通过建立节点对系统状态达成一致的机制，共识算法可以防止双花[1]，确保交易的完整性，并防止恶意攻击。它们使去中心化网络能够可靠地运行并维护共享且不可变的分类账户，而无须中央机构。

然而，共识算法也存在瓶颈。首先是可扩展性，因为在大量节点之间达成共识可能既耗时又耗费资源，所以开发者社区正在努力改进现有算法或开发新的共识算法，以解决可扩展性问题。此外，共识算法还必须考虑恶意节点或协同攻击的潜在存在。采用拜占庭容错和随机化等各种技术来减轻恶意行为者的影响并确保共识过程的稳健性。

3. 智能合约

智能合约是指自动执行的应用程序，协议条款直接写入代码并存储在区块链上，一旦预设条件被触发就能够根据其自动执行相关条款，无须中介即可实现安全和透明的交互。智能合约将自动执行引入区块链领域，成为推动 Web3.0 大发展的革命性概念。

智能合约的主要优势之一是它们能够消除许多传统合同流程中对中介机构（如律师、银行或公证人）的需求。智能合约可以基于区块链的公开、透明与去中心化特性实现可靠的点对点交互，从而降低成本并提高效率。智能合约的自动执行特点还能够最大限度地减少中间环节出现人为错误的概率，并确保协议条款的准确执行。

---

[1] 双花指双重支付。——编者注

第二章
Web3.0 基础设施

智能合约在诸多领域都实现了广泛的应用。在金融领域，它们支持去中心化和自动化的金融服务，例如，去中心化借贷、去中心化交易所和代币发行。它们还有助于以安全和透明的方式创建和执行复杂的金融工具，例如，衍生品和保险合同。智能合约对供应链管理也有影响，可以实现从生产到交付的透明和可追溯的货物跟踪。它们可以在共享经济中自动化和执行协议，确保公平的补偿和遵守预定义的规则。医疗保健行业也正在探索智能合约，它们可以在其中安全地管理患者记录并自动进行保险理赔。

智能合约的执行发生在区块链上，确保其透明度和不变性。一旦部署，合约的代码和状态就会记录在区块链上，使其对所有参与者都可审计和可见。这种透明度促进了各方之间的信任，因为对合同的任何更改或更新都必须得到有关各方的同意并记录在区块链上。

必须注意的是，虽然智能合约提供了许多好处，但它们并非完美无缺。智能合约的底层编程代码是由人类编写的，包含可能被利用的漏洞或错误。此外，区块链上智能合约的不变性意味着，在某些情况下，一旦部署了合约，就无法轻易纠正错误或漏洞。因此，彻底的代码审查、测试和安全审计对于最小化潜在风险至关重要。

4.加密技术

区块链技术实际上融合了许多密码学与信息安全领域的技术。例如，区块链借助了密码学中的哈希算法来保证分布式账本的完整性，在全网传输过程中通过 TLS（transport layer security）加密通信技术来保证数据传输的安全性，还采用零知识证明、同态加密等密码学最新研究成果，在公开透明的分布式账本中提供最高限度的隐私保护。

（四）区块链的特性与实质

1.区块链的特性

区块链技术因其有别于传统中心化系统的独有特性而获得了极大的关注和认可。这些特性使区块链成为创建透明、安全和去中心化网络的强大工具。在这里，我们将探索定义区块链并促进其日益流行的关键特征。

去中心化： 区块链最突出的特点是它的去中心化性质。与依赖中央机构或中介机构的传统系统不同，区块链在分布式节点网络上运行。每个节点都维护着整个区块链的一份副本，通过共识算法集体决策。这种去中心化消除了对单点控制的需求，使网络能够抵抗审查、单点故障和未经授权的更改。

透明度： 区块链为交易和数据管理引入了透明度。记录在区块链上的所有交易对所有参与者都是可见的，从而创建了一个透明且可审计的系统。这种透明度有助于建立信任并消除中介机构验证交易的需要，因为参与者可以独立验证数据的准确性和完整性。

安全性： 区块链采用先进的密码技术来确保数据和交易的安全。一旦交易记录在区块链上，如果没有网络的共识，几乎不可能改变或篡改它。使用加密散列和数字签名可确保数据的完整性和真实性，提供高级

别的安全性以防止欺诈和未经授权的访问。

不变性：不变性是区块链的一个重要特征，这意味着一旦将数据添加到区块链，就无法修改或删除。这种不变性是通过使用哈希加密和共识机制实现的。不变性确保历史记录的完整性，并提供可靠且防篡改的真实来源。

信任：区块链的公开透明、交易信息可追溯、不可篡改、去中心化等特性，使得各参与方之间建立了去中介化的信任机制。参与者可以独立地验证交易信息，减少了对中介机构的依赖。

效率：区块链技术简化了流程并消除了中介，从而提高了效率并降低了成本。通过共识算法和智能合约实现信任自动化，区块链减少了人工参与的程度并降低了交易摩擦。这种效率有可能通过简化复杂的流程和降低运营成本来彻底改变各个行业。

互操作性：区块链技术或许能实现不同平台之间的互通与互操作。区块链利用标准化的协议和接口可以在不同平台之间实现互操作与数据的自由交换。这种互操作性为进一步的组合、集成与创新创造了新的可能性。

隐私：虽然区块链以其透明性著称，但它可以结合隐私功能来保护敏感信息，可以实施零知识证明、环签名和隐私交易等技术来确保隐私，同时仍保持区块链的安全性和完整性。

这些特性共同使区块链成为一种颠覆性技术，有可能彻底改变各个行业，包括金融业、供应链管理业、医疗保健业等。虽然区块链不是一个放之四海而皆准的解决方案，并面临可扩展性和能源消耗等挑战，但正在进行的研究和开发工作的重点是解决这些限制并释放区块链技术的全部潜力。

2. 区块链的实质

区块链的实质主要体现在信任、价值、通证这三方面。

（五）机器信任

2015年10月，《经济学人》(*The Economist*)在其封面文章《信任的机器》("The trust machine")中提道："比特币背后的技术有可能改变经济运作方式。区块链允许人们在没有信任且没有中立的中央机构的情况下进行协作。简单地说，它是一台创造信任的机器。"《经济学人》认为，区块链打造的是一种基于"机器信任"的冷酷机制，它是"一根如实记录事实的大型链条"[1]。

区块链与传统技术的核心区别在于，区块链是一种分布式信任机制。区块链技术可以破解传统的中心化信任机制下的易垄断、难传递、高成本等难题，并基于去中心的理念来构建全新的分布式、可传递、低成本的信任体系。可以说，信任是区块链的本质与核心所在，而价值、通证、资产等都是构建在区块链的信任机制之上的。

---

[1] 何华锋.比特币背后的区块链技术：包治一切缺乏信任的领域[EB/OL].[2023-08-02]. https://www.huxiu.com/article/129923.html.

（六）价值传递

如果说信任机制是区块链技术获得广泛应用的基础，那么其对网络价值的支撑则是区块链技术的核心价值所在。Web1.0 和 Web2.0 只是通过信息的复制和传输，实现了端到端的信息传递，但是对于信息互联网上所承载的价值，却难以保证和确认其唯一性。

区块链技术融合了分布式网络、密码学等已有技术，第一次能够在信息传递的同时，保证信息所承载价值的唯一性与可传递性。并且进一步，基于确权与价值传递，在区块链网络中可以人为地创造价值，实现更安全、更简洁的价值闭环网络。

随着网络技术的进步与网络经济的繁荣，虚拟网络在人类生活中越来越重要。那么网络资产的确权问题与安全问题就成了亟待解决的现实问题，而区块链技术在这方面显示出巨大的潜力。这也正是区块链日益受到重视的主要原因之一。

（七）通证机制

通证机制是区块链技术运作不可或缺的一部分。代币代表数字资产，实现信任和透明度，激励网络参与者，并增强区块链生态系统内的去中心化治理和实用性。

区块链可以实现现实世界或数字资产的代币化，通过这一过程可以实现部分所有权、增加流动性以及在不依赖传统中介机构的情况下有效

Web3.0
构建数字经济新未来

转移资产。

区块链利用 POW、POS 等共识机制来验证和保护交易，代币则在此过程中起到核心的激励作用，激励各节点贡献算力或质押其代币，以维护区块链网络的安全性和完整性。

区块链上的代币提供了交易的透明度和信任。每笔代币转移和交易都记录在区块链的去中心化且不可变的分类账上。这种透明度确保参与者可以轻松验证所有权和交易历史记录，从而增加信任并减少对第三方中介机构的需求[①]。

代币还可以充当治理代币，允许持有者参与区块链协议或去中心化组织的决策过程。此外，代币可以在特定应用程序或生态系统中发挥作用，授予对服务、功能或折扣的访问权限。

二、区块链与 Web3.0

区块链构成了 Web3.0 的底层设施与技术框架，一方面为 Web3.0 提供了安全的执行层，在其中可以创建、分发和交易加密资产，并可以开发可编程的智能合约，另一方面也提供了 Web3.0 的结算层。

区块链通过自身的技术特点赋予 Web3.0 如下特性。

[①] 付饶. 为何经济学、金融学、博弈学、运筹学要与通证技术结合？[EB/OL]. [2023-05-27]. https://www.toutiao.com/article/6828714540847333901/?&source=m_redirect&wid=1685695578847.

第二章
Web3.0 基础设施

去中心化：Web2.0 的核心问题之一是权利和数据集中在少数主要参与者手中。区块链与加密货币能推进信息和权利的广泛分配，使 Web3.0 去中心化。Web3.0 利用区块链驱动的公共分布式账本即可提高其透明度和去中心化。

无须许可：基于区块链的项目用开源可用的代码代替传统公司的专有系统。搭建在区块链中的应用程序具有无须许可的性质，允许世界各地的所有人不受限地访问并与之交互。

去信任化：区块链与加密货币免除了信任银行或个体中间机构等第三方的必要。Web3.0 用户无须信任其他任何实体，只需信任网络本身即可交易。

支付渠道：加密货币可用作 Web3.0 的原生数字支付基础架构。数字资产真正实现无国界，无须中间机构，有望改善 Web2.0 昂贵且庞大的支付基础架构。

所有权：加密货币已提供诸如自托管型加密货币钱包之类的工具，无须中间机构介入，用户即可存储资金。用户还可绑定钱包与去中心化应用程序，以多种方式使用资金或展示个人的数字物品。所有人都能通过透明公开的公共账本验证这些资金和物品的所有权。

抗审查性：区块链具有抗审查性，也就是说，任何一方均无法单方面更改交易记录。记录添加到区块链中后，几乎无法删除。因此，该特性对于储存和保护重要信息可能非常重要。

三、公链之王：以太坊

（一）以太坊概述

以太坊是一个在业界颇具影响力的开源公有区块链平台。2013年年底，以太坊创始人维塔利克·布特林（Vitalik Buterin）提出了让区块链自身具有可编程能力以完成任何复杂的商业逻辑运算的思想，随后发布了基于上述思想的以太坊白皮书，白皮书中提出了包括智能合约架构与协议栈等内容的具体技术方案。2014年1月，布特林正式宣布以太坊项目成立。

以太坊与比特币的核心区别在于，前者具有"图灵完备"的智能合约功能，并提供了基础脚本、链上元协议与竞争币等模块及相应的协议支持，这使得以太坊的应用形态从加密货币变成了Dapp开发平台，在以太坊上开发者可以自由定义相应的规则、模式、函数及代码。

（二）核心概念

1. 账户

在以太坊中，账户的概念是其网络运作的基础。以太坊中的账户代表一个独特的实体，可以持有和管理以太坊的原生代币ETH，以及执行智能合约并与去中心化应用程序交互。以太坊中有两种类型的账户：外部账户（EOA）和合约账户（CA）。EOA由私钥控制，与传统的加密货币账户类似。这些账户由个人或实体拥有和管理，用于存储、发送和接收以太币。每个 EOA 都有一个唯一的以太坊地址，该地址源自其相应的私钥。要访问和管理 EOA，账户持有人需要拥有与该账户关联的私钥。除了基本交易之外，EOA 没有任何关联的代码或功能。CA 是包含代码并拥有自己的以太币余额的以太坊账户。这些账户是通过将智能合约部署到以太坊区块链上来创建的。合约账户有自己的以太坊地址，并由相关智能合约中的代码控制。合约账户的交互是通过调用智能合约代码中定义的函数来进行的。

EOA 和 CA 都具有以下属性。

地址：每个以太坊账户（无论是 EOA 还是 CA）都有一个唯一的 40 个字符的十六进制地址。该地址用作标识符，用于发送或接收交易。

余额：每个以太坊账户都有一个与之关联的余额，以以太币计价。该余额代表账户中持有的以太币数量，可以通过一定的奖励、从其他账户转账或接收付款来增加。

交易：以太坊中的账户可以发送和接收交易。交易涉及指定接收者的地址、要传输的以太币数量以及所需的任何其他数据或参数。

随机数：每个以太坊账户都有一个随机数，它是与该账户关联的序列号。随机数用于确保交易按正确的顺序处理并防止重放攻击。来自账户的每笔交易都必须有一个比从该账户发送的前一笔交易大 1 的随机数。

以太坊中的账户构成了以太坊生态系统内交易、智能合约和交互的基础。它们允许个人、组织和 Dapp 安全地存储和管理以太币、执行代码并参与在以太坊平台上构建的 Dapp 和服务。

2. 智能合约

智能合约是自动执行的协议，协议条款直接写入以太坊区块链上的代码中。它们是以太坊平台的一个关键功能，可以创建 Dapp，并促进各方之间安全、透明地交互，而无须中介机构参与。

智能合约在以太坊平台上实现了广泛的应用，包括去中心化金融（DeFi）、不可替代代币（NFT）、治理系统等。它们提供安全且去中心化的基础设施，用于自动化协议、确保各方之间的信任，并为以太坊区块链上的去中心化应用程序和服务提供新的可能性。

以下是以太坊智能合约的一些关键方面。

*代码执行：*智能合约是用高级编程语言编写的，例如，Solidity、Vyper 或其他与以太坊兼容的语言。一旦部署到以太坊区块链，代码就会由网络中的每个参与节点执行，确保合约的行为是确定的和可验证的。

*去中心化：*以太坊中的智能合约在去中心化的节点网络上存储和执行，使其能够抵抗审查、停机和单点故障。以太坊的共识机制目前正从工作量证明过渡到权益证明，确保智能合约的状态和执行达成一致。

*不可变和透明：*一旦部署，智能合约就是不可变的，这意味着它们的代码和状态不能被修改或篡改。区块链的透明度确保合约的代码和

状态可以被任何人审计和验证，从而提供合约行为的透明度和信任。

*自我执行：*智能合约自动执行其代码中定义的条款和条件。合约的逻辑指定了触发某些操作或状态更改的条件。当满足这些条件时，合约将执行指定的操作，无须手动干预或依赖集中机构。

*信任和安全：*智能合约依靠区块链技术的加密原理来提供代码执行的安全性和信任。智能合约的代码和状态由网络中的多个节点复制和验证，使得恶意行为者很难操纵或篡改合约的行为。

*交互和交易：*智能合约可以通过函数调用或消息交换与其他合约和以太坊账户（外部拥有的账户或其他合约）进行交互。这些交互是通过交易进行的，交易可以触发合约内的状态变化或发起其他交易。

*Gas 和费用：*在以太坊区块链上执行代码需要计算资源，这些资源以 Gas 来衡量和定价。Gas 充当智能合约中执行操作成本的记账单位。合约中的每项操作都会消耗一定量的 Gas，用户需要通过附加适当的费用来支付其交易所消耗的 Gas，费用以以太币（Ether）计价。

3. Gas

Gas 是以太坊中的一个关键概念，可实现资源管理、费用计算和网络的平稳运行，最终支持去中心化应用程序和智能合约的执行。

在以太坊中，Gas 是一种计量单位，用于量化在网络上执行特定操作所需的计算量。它用于分配资源，例如，计算能力和存储，并确定与执行交易和运行智能合约相关的费用。以太坊网络上的每项操作都会消耗一定量的 Gas。简单的操作，比如将以太币从一个账户转移到另一个账户，需要相对较少的 Gas，而复杂的操作，比如执行复杂的智能合约，需要更多的 Gas。

Gas 在以太坊生态系统中有两个主要用途。

资源分配： Gas 用于在以太坊网络上分配资源。通过为每个区块分配 Gas 限制，以太坊确保在给定区块中只能执行一定量的计算操作。"矿工"根据与交易相关的"燃气费"（Gas 费）对交易进行优先级排序，对费用较高的交易给予更高的优先级。

费用计算： Gas 也用于计算交易费用。以太坊中的每项操作都有与其相关的特定 Gas 成本。Gas 成本由操作复杂性和所需计算资源等因素决定。Gas 价格以每 Gas 的以太币单位（gwei/gas）表示，代表用户愿意为消耗的每单位 Gas 支付的费用。将使用的 Gas 乘以 Gas 价格即可得出交易所需的总费用。

用户在发送交易时估计并设置适当的 Gas 限制和 Gas 价格非常重要，以确保及时处理他们的交易。Gas 限制不足可能会导致交易失败，而 Gas 价格较低可能会导致处理延迟或优先级较低。

以太坊 Gas 计费机制的制定主要出于以下原因。

避免资源滥用： 由于智能合约运行和每一笔交易都要向以太坊系统支付一定费用，以太坊上的开发者会尽量选择开发简洁、高效的应用以减少成本，这会激励开发者提升代码质量，也有助于减少以太坊系统资源被滥用。此外，他们还通过 Gas 限制的设置，避免智能合约发生无限循环。

防止粉尘攻击：Gas 机制大大降低了利用以太坊网络发生粉尘攻击的概率。粉尘攻击是指人为造出大量无效运算或者小额转账来占用、消耗区块链系统资源，使区块链网络无法正常运行，正常的运算、转账等功能都无法使用。

提供辅助激励：区块链系统的一个共同特点："矿工"越多，算力越充足，系统越安全快速。为吸引更多"矿工"参与以太坊网络，需要对"矿工"有合理的利益激励，Gas 机制的引入，为"矿工"提供了量化可计算的报酬机制。

4. 以太坊虚拟机（EVM）

以太坊虚拟机（EVM）被专门设计用于在以太坊平台上执行智能合约，它是区块链生态系统中的一项突破性创新。作为以太坊的运行环境，EVM 在实现代码的去中心化和自主执行方面发挥着关键作用，彻底改变了 Dapp 的构建和部署方式。

EVM 可以被认为是一个虚拟的、图灵完备的机器，因为它具有执行任意算法或计算的能力。它充当沙盒环境，将智能合约的执行与底层基础设施隔离开来并加以保护。这确保了代码的执行在所有网络参与者中是安全、一致和确定的。

EVM 存在于以太坊网络的所有节点上，并作为分布式计算机运行。每个参与节点维护一个完整的区块链副本，并运行 EVM 来执行智能合约。这种去中心化的性质确保了代码的执行是透明的、可验证的，并且可以抵抗审查或操纵。

EVM 采用基于堆栈的架构，其中代码的执行依赖于堆栈数据结构。指令按顺序执行，每条指令操作堆栈并产生结果。EVM 还利用内存区域在执行期间进行临时存储，并利用存储槽来持久存储数据。

EVM 的显著特征之一是它能够解释和执行字节码，字节码是智能合约代码的低级机器可读表示。开发人员使用高级编程语言（如 Solidity）编写智能合约，并将其编译成 EVM 可以理解和执行的字节码。这种字节码格式支持跨平台兼容性，因为任何 EVM 实现都可以执行相同的字节码。

EVM 根据 Gas 原理运行，Gas 是在智能合约中执行指令和执行操作所需的计算量单位，用于衡量合约消耗的计算资源，例如，计算步骤、内存使用和存储操作。EVM 中的每个操作都会消耗特定数量的 Gas，用户必须支付执行交易所需的 Gas。这种基于 Gas 的系统可防止滥用并确保对所使用的计算资源进行公平补偿。

EVM 还支持状态转换的概念，其中智能合约的执行可以修改以太坊区块链的状态。状态代表区块链中所有账户和存储的当前状态。当智能合约修改账户余额、更新存储值或创建新合约时，就会发生状态转换。这些状态转换记录在区块链上，使其透明且不可变。

EVM 的灵活性和兼容性为构建在以太坊平台上的去中心化应用程序和服务的繁荣生态系统铺平了道路。通过 EVM，开发人员可以创建和部署智能合约，为广泛的用例提供支持，包括去中心化金融、不可替代代币、去中心化交易所等。EVM 的稳健性和安全性已通过无数智能合约的成功部署和执行、促进创新和转型行业得到证明。

尽管EVM非常成功，但它并非没有挑战。可扩展性仍然是EVM面临的一个重要问题，因为EVM的顺序执行模型限制了交易吞吐量并增加了成本。相关人员正在努力通过各种解决方案来应对这些挑战，包括Layer2扩展解决方案、分片以及向以太坊2.0的过渡，这将引入新的共识机制并增强可扩展性[1]。

(三)Casper 共识协议

以太坊的发展总共分为四个阶段，其中前三个阶段都采用POW共识机制，而最后一个阶段会采用POS共识机制，即Casper共识协议。

Casper是为以太坊开发的一种共识算法，用于从POW共识机制过渡到POS共识机制。它旨在提高以太坊网络的可扩展性、能源效率和安全性。Casper旨在与EVM和智能合约一起工作，从而实现与现有以太坊基础设施的无缝集成。它是以太坊2.0升级的关键组成部分，巩固了以太坊作为去中心化应用和智能合约领先区块链平台的地位。

以太坊Casper共识的要素包括以下方面。

权益证明（POS）： Casper用POS取代了以太坊之前使用的能源密集型POW机制。在POS系统中，系统是根据验证者所持有并质押

---

[1] 安德烈亚斯·M.安东波罗斯，加文·伍德.精通以太坊[M].喻勇，杨镇等，译.北京：机械工业出版社，2019：293-295.

Web3.0
构建数字经济新未来

的保证金数量来选择验证者验证交易并创建新区块链。验证者被激励诚实行事，如果发生恶意活动，他们可能会失去质押的代币。

最终性：Casper 引入了最终性机制，可以更快地确认区块并减少链重组或分叉的可能性。最终性意味着一旦一个区块被添加到区块链中，它就被认为是不可逆转的，从而增强了交易的安全性和确定性。

验证者选择：验证者是通过称为"验证者押金"的过程来选择的。希望成为验证者的参与者必须锁定一定数量的加密货币代币作为保证金。验证者是根据他们的存款来选择的，他们轮流提议和验证区块。

削减条件：Casper 实施削减条件来阻止验证者的恶意行为。如果验证者行为不诚实或试图攻击网络，他们所质押的代币可能会被部分或全部没收作为惩罚。削减可确保验证者有强大的经济动力去诚实行事并维护网络的完整性。

以太坊 2.0：Casper 是以太坊 2.0 的组成部分，它涉及从当前基于 POW 的以太坊网络到基于 POS 的网络的分阶段过渡，Casper 是这一过渡的核心组成部分之一。

Casper 共识协议分两个阶段实施。第一个阶段，在信标链——以太坊 2.0 的核心上实施 Casper FFG，FFG 是 POW+POS 混合共识；第二个阶段，实施 Casper CBC，CBC 是纯粹的 POS 共识机制。

Casper FFG 是在 POW 共识机制的基础之上，实施了 POS 共识机制，其主要作用是为以太坊从当前的 POW 共识机制到最终阶段的 POS 共识机制的切换过程提供缓冲，而 Casper CBC 是以太坊发展到 2.0 阶段所采用的共识机制。

（四）以太坊的发展历程

以太坊的开发过程被规划为四个阶段：Frontier、Homestead、Metropolis、Serenity。每个阶段都有自己的一套目标、改进和升级方案，旨在使平台更加高效、安全和用户友好。

第一阶段 Frontier 于 2015 年 7 月启动，专注于实现以太坊的基本功能，包括 EVM。这一阶段开发者可以开发部署 Dapp。Frontier 还推出了以太加密货币，它被用作平台上的交换媒介。

第二阶段 Homestead 于 2016 年 3 月启动，旨在使平台更加稳定和安全。Homestead 包括多项错误修复、性能改进和安全升级，例如，添加了以太坊改进提案（EIP）流程，该流程允许开发人员提交改进以太坊协议的提案。

第三阶段 Metropolis 是以太坊从 POW 向 POS 过渡的阶段。这个阶段需要对以太坊底层协议进行重大改变，由于技术难度较大，所以该阶段又分为几个更小的阶段，即拜占庭硬分叉（2017 年 10 月）、君士坦丁堡硬分叉（2019 年 1 月）、伊斯坦布尔硬分叉（2019 年 12 月）等。

最后一个阶段 Serenity，也被称为以太坊 2.0，仍在开发中，预计将分几个阶段推出。Serenity 旨在将以太坊网络从 POW 转变为 POS，重塑以太坊的开发奖励机制与经济模型，提升其可扩展性，减少能源消耗并增强网络安全性。以太坊于 2020 年 12 月上线了共识层（原以太坊 2.0），并于 2022 年 9 月实现了共识层与执行层（原以太坊 1.0）的合并，未来还将引入区块链分片，这将使网络能够更有效地处理交易并增加其容量。

总的来说，以太坊的四个阶段代表了平台从基本区块链平台到更复杂、用户友好和可扩展网络的演变。在每个阶段，以太坊都引入了新功能，提高了安全性和稳定性，并扩展了功能，从而导致去中心化应用程序和创新用例的生态系统不断壮大。

四、其他 Layer1 公链

（一）Solana

Solana 是一个高性能的区块链平台，旨在解决现有区块链网络的可扩展性和速度限制。Solana 于 2020 年推出，旨在为 Dapp 和 DeFi 平台提供可扩展的基础设施，使它们能够以闪电般的速度和低廉的费用处理大量交易。

Solana 的核心是引入创新技术和协议的独特组合，这些技术和协议协同工作以提供卓越的性能。它的架构是围绕历史证明（POH）共识机制构建的，这是网络的基础组件。POH 为所有交易创建可验证且带有时间戳的记录，允许节点就事件的顺序和有效性达成一致，而无须它们直接通信。这种方法显著提高了 Solana 网络上交易处理的速度和

第二章
Web3.0 基础设施

效率。

Solana 通过称为 Tower BFT（拜占庭容错）的技术进一步提升其性能，该技术提供了一种快速且安全的共识算法。Tower BFT 使验证者能够就区块链的状态达成一致，确保交易的安全性和最终性。这种共识机制使 Solana 能够实现卓越的交易吞吐量，每秒处理数千笔交易，并将确认时间缩短至几秒。

Solana 的另一个关键特性是它的可扩展性。该网络采用一种称为 Solana Wormhole 的独特方法，可实现与其他区块链的互操作性。这意味着 Solana 可以与其他区块链网络无缝通信和交换数据，扩展其功能并促进资产和信息在不同平台之间的流动。

Solana 的架构针对并行处理进行了优化，允许它在更多节点加入网络时可以水平扩展。这种设计与其高效的共识机制相结合，使 Solana 能够在不牺牲性能或不产生大量费用的情况下处理高交易量。

Solana 生态系统包括支持 Dapp 和 DeFi 项目开发的各种工具、应用程序和协议。Solana 的智能合约平台 Solana Contracts 与流行的编程语言 Rust 兼容，并为开发人员提供了一个熟悉的环境来构建 Dapp。此外，Solana 还提供了一套全面的开发人员工具，包括软件开发工具包（SDK）、集成开发环境（IDE）和其他资源，以简化开发过程并促进创新。

SOL 代币用作 Solana 网络的本地加密货币。它在管理网络和激励参与者方面发挥着至关重要的作用。验证者需要持有并抵押 SOL 代币作为抵押品才能参与共识过程并获得奖励。SOL 代币还充当交易费用的交换媒介，并在 Solana 生态系统内提供流动性。

由于其卓越的性能、可扩展性和对开发人员友好的生态系统，Solana 在区块链领域获得了极大的关注。它的速度、低费用和可扩展性使其非常适合高频交易、去中心化交易所、游戏平台和其他数据密集型用例等应用程序。因此，Solana 吸引了众多项目和合作伙伴，确立了自己在区块链行业的领先地位。

（二）Avalanche

Avalanche 是一个高性能的区块链平台，致力于解决现有区块链网络面临的可扩展性和去中心化挑战。它旨在提供高吞吐量、低延迟性和强大的安全性，使其成为各种去中心化应用程序和用例的有前景的解决方案。

Avalanche 共识协议由艾敏·冈·西勒（Emin Gun Sirer）博士领导的研究团队在 2018 年发布的白皮书中首次介绍。该协议基于一种称为"Snow"共识的新方法，该方法利用新颖的网络采样机制来高效、快速地达成共识。

Avalanche 共识协议通过利用共同参与决策过程的验证者网络来运作。验证者负责就网络中交易的顺序和有效性达成共识。与传统的共识算法不同，Avalanche 引入了一个概率系统，验证者根据他们的置信度对交易的有效性进行投票。这种方法允许快速、高效和安全的交易最终确定，因为该协议可以快速达成共识而无须多轮通信。

Avalanche 的主要优势之一是它能够有效地扩展。该协议通过允许并行处理事务来实现高吞吐量，使网络能够同时处理大量事务。这种可扩展性对于支持复杂的 Dapp、DeFi 应用程序和其他需要快速高效交易处理的用例至关重要。

Avalanche 还通过让大量验证者参与共识过程来强调去中心化。这种方法可确保决策权分布在不同的参与者群体中，从而降低集中控制的风险并提高网络的安全性和抗审查性。

除了共识协议之外，Avalanche 还提供了虚拟机（AVM）、原生代币（AVAX）以及一套开发人员工具。AVM 与 EVM 兼容，所以以太坊生态中的 Web3.0 应用可以很容易地移植到 Avalanche 平台。这种兼容性允许开发人员利用现有的以太坊生态系统，同时利用 Avalanche 的性能和可扩展性优势。

AVAX 加密货币作为 Avalanche 平台的原生代币，在保护网络安全和激励参与者方面发挥着至关重要的作用。验证者将 AVAX 作为抵押品参与共识过程，他们可以因对网络安全和交易验证的贡献而获得奖励。

Avalanche 因其提供亚秒级交易终结性的能力而受到关注，这使其非常适合时间敏感的应用程序，例如，高频交易和实时金融应用程序。该平台还因其高吞吐量、低费用以及与基于以太坊的资产的兼容性而引起了 DeFi 社区的兴趣。

Avalanche 正在积极推动生态建设。2022 年 3 月，Avalanche 基金会推出了 400 万 AVAX 代币（当时价值 2.9 亿美元）的 Avalanche Multiverse 激励计划以推动子网发展，其核心开发团队 Ava Labs 也为子网开发提供协助和支持。

雪崩链的机构间与生态间的合作以及激励计划，为生态内带来可观的增益。较为知名的合作案例有：同知名的运动球星卡以及纪念品公司合作发行 NFT；同美国数字证券发行领域的投币机构集成，以支持数字证券的发行；同有 450 万传统领域用户的数字支付平台 Wirex 合作；同德勤（Deloitte）合作，构建高效率、低成本的救灾平台等。

目前，Avalanche 链上验证节点数量已超过 1 200 个，生态内已开发项目超过 400 个，DeFi、NFT、GameFi 均是生态数据增长的主要动力。

（三）Polkadot

Polkadot 是一个异构跨链区块链网络，旨在实现跨多个区块链的互操作性和可扩展性。Polkadot 由以太坊联合创始人加文·伍德博士创立，旨在解决当前区块链环境中存在的可扩展性、安全性和治理方面的挑战。通过提供可扩展的异构多链基础设施，Polkadot 使开发人员能够创建可以跨不同区块链无缝交互和共享信息的去中心化应用。

Polkadot 的核心建立在一种称为"多链网络"的独特架构之上。该架构由一条作为主枢纽的中继链、多条并行连接中继链的平行链和平

第二章
Web3.0 基础设施

行线程组成。中继链作为网络的主干，确保系统的整体安全性和共识，而平行链和平行线程并行运行，每个都有自己的专门功能和治理。

Polkadot 的关键特性之一是它的互操作性。它使不同的平行链相互通信和交换数据，从而创建多链互联的网络。这种互操作性允许在链之间无缝传输资产、消息和信息，从而将区块链项目之间的协作和协同作用提升到一个新的水平。开发人员可以构建针对特定用例定制的专用平行链或平行线程，同时受益于 Polkadot 网络提供的共享安全性和互操作性。

可扩展性是 Polkadot 的另一个关键特性。通过利用并行处理和分片技术，Polkadot 可以在其链网络上同时处理多个交易和计算。这显著提高了网络处理大量交易和智能合约执行的能力，解决了许多现有区块链平台面临的主要可扩展性限制问题。

为了保护网络并确保共识，Polkadot 采用了一种称为"提名权益证明"（NPOS）的混合共识算法。NPOS 结合了 POS 和委托权益证明（DPOS）机制的特点，允许代币持有者提名负责验证交易和生成区块的验证者。这种共识机制确保了安全性、去中心化和快速的区块终结性，使 Polkadot 成为一个强大且可靠的平台。

Polkadot 的一个显著特点是其治理模型，其设计旨在透明和包容。DOT 代币持有者有能力对网络升级和变更提出建议和投票，使 Polkadot 成为真正去中心化和社区驱动的平台。这种治理机制允许协议随着时间的推移而演变和改进，确保它能够适应其用户和开发人员的需求。

Polkadot 的互操作能力超出了其自身的生态系统。它旨在实现与其他区块链网络（包括私有链和公共链）的跨链通信。这种互操作性为不同区块链平台之间的无缝资产转移、数据共享和协作开辟了可能性。它培育了区块链网络的网络生态系统，价值和信息可以在其中自由流动。

Polkadot 的多功能性和可扩展性使其非常适合广泛应用。它可以支持去 DeFi 平台、供应链管理系统、Dapp 等。开发人员可以利用平行链的灵活性来构建满足特定行业需求的专用区块链，同时仍然受益于 Polkadot 网络提供的安全性和互操作性。

此外，Polkadot 提供了一个强大且对开发人员友好的框架，以及可简化区块链应用程序创建和部署的工具和库。由 Parity Technologies 开发的 Substrate 框架可实现定制平行链的快速开发，使开发人员能够专注于构建创新解决方案，而不会陷入低级实施细节的困境。

（四）Cosmos

Cosmos 是一个开放、可扩展、可互操作的区块链生态系统，旨在实现多个独立区块链之间的无缝通信和交互。它旨在通过提供链间通信和互操作性框架来克服孤立的区块链网络的局限性。

Cosmos 由权宰（Jae Kwon）[①] 于 2014 年创立，并于 2019 年推出

---

① Jae Kwon 是 Tendermint 公司的创始人和首席执行官。——编者注

主网，其愿景是创建一个"区块链互联网"，不同的区块链网络可以以去中心化和安全的方式连接和交换信息。

Cosmos 生态系统的核心是 Cosmos Hub，也称为枢纽中的枢纽。Cosmos Hub 充当连接 Cosmos 网络内各种独立和主权区块链（称为"区域"）的中央枢纽或主区块链。Cosmos 中的每个区域都可以拥有自己的共识算法、治理模型和验证器集，为开发人员提供根据其特定需求定制区块链的灵活性。

Cosmos 中的互操作性是通过使用区块链间通信（IBC）协议来实现的。IBC 能够在 Cosmos 生态系统中的不同区块链之间实现安全、去中心化的通信，使它们能够跨链转移资产、交换数据并触发操作。借助 IBC，开发人员可以构建利用多个区块链的功能和特性的去中心化应用程序，从而为跨链交互和协作释放新的可能性。

Cosmos 生态系统建立在 Tendermint 共识算法之上，该算法提供快速、安全的拜占庭容错共识。Tendermint 可实现快速区块确认和最终确定性，使 Cosmos 适合需要快速交易处理和结算的各种用例。

除了 Cosmos Hub 之外，Cosmos 网络还由各种互联的区域组成，每个区域都有自己的用途和功能。这些区域可以代表不同的区块链项目、现有的公共区块链，甚至是私有链或联盟链。软件开发工具包（Cosmos SDK）提供了一个模块化框架，用于在 Cosmos 生态系统中构建新区域，使开发人员可以更轻松地创建与其他链无缝交互的自定义区块链。

Cosmos 网络的原生加密货币称为 ATOM。ATOM 用于质押、治理以及参与 Cosmos Hub 的安全和共识。Cosmos 网络上的验证者质押他们的 ATOM 代币来保护网络并获得参与奖励。

Cosmos 在区块链社区中获得了巨大的关注并被大量采用，许多项目和企业都在其平台上构建。它对链的互操作性、可扩展性和主权的关注使其成为寻求创建互联区块链应用程序或桥接现有区块链的开发人员和企业的有吸引力的解决方案。

2022 年 9 月，Cosmos 发布了 2.0 白皮书，计划改变 Cosmos Hub 网络和 ATOM 代币利用率低下的困境。

此后 Cosmos 陆续宣布了一些进展，例如，Cosmos Hub 将原本"链间安全"（Interchain Security）升级为"复制安全"（Replication Security），通过流动性质押模块（LSM）提案，但似乎都未引起较大的市场讨论。

随着 2023 年上半年 Cosmos 生态链 Neutron 主网上线，Neutron 首次使用了升级后的安全机制"复制安全"，并宣布将向 Cosmos Hub 质押者空投，关于 Cosmos、ATOM 价值捕获及其生态的讨论才逐步升温。

2023 年以来，Cosmos 生态保持了良好的发展势头。Cosmos 生态内的公链以及流动性质押协议 Stride 先后成了加密市场热点。根据 token terminal 数据监测，2023 年 4 月 Cosmos SDK 上的活跃开发者数量一度超过以太坊。

五、应用链

应用链的潮流正在兴起，已经有不少应用都推出自己的应用链，或者宣布了部署自己应用链的计划。对于高增长项目来说，应用链方向无疑是可预见的未来。

（一）应用链概念

应用链是一种专门为操作特定应用程序（例如，游戏或 DeFi 应用程序）而设计的区块链。这意味着应用程序可以使用该链的全部资源，例如，吞吐量、状态等，而不需要与其他应用竞争。此外，应用链可以根据应用程序的需求，灵活优化链的技术架构、安全参数和吞吐量等。由于应用链专注于特定应用，因此应用链通常对开发人员"有许可"，而对用户"无许可"。这与标准的区块链实践不同，即区块链对用户和开发人员都是开放的[1]。

应用链通常在现有的 Layer1 区块链上运行，并使用相应的 Layer1 区块链上的验证器，以利用其安全性。应用链还拥有自己的代币，验证者使用应用链的代币进行质押。这样，应用链就不会与其他应用竞争交易容量。应用链代币也可以代表应用链所有权用于收益分配，或代表治

---

[1] Alchemy. What is an application-specific blockchain[EB/OL]. [2023-09-11]. https://www.alchemy.com/overviews/what-is-an-appchain.

理权用于治理投票。

（二）应用链的适用场景

1. 平台特性

Cosmos 和 Polkadot 这两个跨链区块链平台专注于建设互联互通的多链生态，其主链都没有实现支持智能合约的执行引擎。因此，如果开发者想要在这两个平台上构建应用程序，就需要自己搭建应用链，或者选择已经实现了通用计算执行引擎的链。

在 Cosmos 中，实现智能合约执行引擎的生态链包括 Evmos 和 Juno，而应用链则包括 Osmosis、Mars hub 和 Secret。

在 Polkadot 中，通用平行链包括 Moonbeam 和 Astar。应用链包括 PolkaDex、Phala 和 Nodle[①]。

2. 性能需求

当通用区块链无法满足某些应用的高吞吐量需求或低费用需求时，构建应用链是一种更合适的解决方案。如果想在 Web3.0 中构建类似于 Web2.0 性能的应用程序，应用链是唯一选择。

游戏应用是最佳的应用场景。大多数互动游戏需要高吞吐量以支持游戏用户的高频操作，并且操作成本为 0 或极低。通用智能合约平

---

① Mohamed Fouda. The Appchain Universe: The Risks and Opportunities[EB/OL]. [2023-04-26]. https://medium.com/alliancedao/the-appchain-universe-the-risks-and-opportunities-9a22530e2a0c.

第二章
Web3.0 基础设施

台通常难以满足这些要求。典型案例包括在 Ronin 侧链上推出的 Axie Infinity 和基于 StarkEx Layer2 方案的梦幻足球游戏 Sorare。

另外，订单簿型 DEX 也需要高吞吐量来为用户提供良好的用户体验。例如，目前去中心化衍生品协议 dYdX 每秒需要处理上千笔订单。

3. 特定技术需求

如果某些 Web3.0 协议或应用需要一些在目前的 Layer1 区块链上所缺少的特定技术，那么搭建一个应用链是一种可行方式。

例如，隐私交易或隐私支付等赛道的 Web3.0 协议或应用需要零知识证明技术来构建区块，零知识证明技术是计算密集型的，且这些计算过程的成本太高，无法在链上执行。这种情况下，隐私交易协议 Aztec 就选择了在以太坊上构建 Layer2 网络来实现零知识证明技术。

4. 经济性需求

当开发者在 Layer1 区块链上搭建 Web3.0 应用时，用户需要支付两种费用：原生应用费用及 Gas 费用。原生应用费用（例如，DEX 交易费）是 Web3.0 应用自身的收入流，这部分费用通常会用于激励各参与方发展社区并扩大用户基数，取之于用户也用之于用户；同时，用户还需要向 Layer1 区块链的验证者支付 Gas 费用，这部分费用是用户的开销，会降低用户体验。尽管部分费用能够保证应用的安全性，但更好的方案是将这部分钱留在应用生态内部来激励用户。

有这种需求的 Web3.0 开发者可以通过构建应用链来完全掌控用户支付的 Gas 费用，并在应用生态内部进行分配。例如，Yuga Labs

想将 BAYC 生态构建为一个独立的应用链，主要就是出于这种考虑。BAYC 社区在铸造 Otherdeed 时不得不向以太坊网络支付巨额 Gas 费用，而迁移到自己构建的应用链后就能够将这些费用保留在 BAYC 生态中。这样做有助于激励社区成员更积极地参与和支持 BAYC 的发展。

（三）应用链的优劣势

应用链既有可定制性、高性能以及赋予开发者更高权限等优势，也存在安全风险高、开发成本高、缺乏可组合性、存在跨链风险等劣势，所以是否采用应用链方案需要开发者仔细权衡。

1.优势

与 Layer1 区块链、Layer2 区块链或侧链相比，应用链在构建方面具有独特的优势。对于开发者而言，应用链具有可定制性、性能优势和更高权限，同时可以利用主区块链的安全性。

应用链对现有的 Layer1 区块链结构进行了改进，使得 Web3.0 开发人员在经济结构、治理结构和共识算法方面拥有更大的自由。

应用链还能提高所服务的应用的性能。直接在 Layer1 区块链上开发应用程序会导致该应用必须与其他应用竞争计算和存储资源，这必然会降低该应用的性能。而在应用链上，应用程序可以充分利用专门为其提供的计算和存储资源，不需要与其他应用竞争。

此外，应用链还使开发者获得了更高权限。在 Layer1 区块链上开发者需要更长的时间来更新或更改应用程序，因为开发人员无法控制共识协议。但在应用链上，开发者可以根据需求自由地对应用链进行更新和更改。

2. 劣势

虽然应用链具有上述优点，但也存在安全风险高、开发成本高、缺乏可组合性等劣势。

应用链的安全性主要取决于其采用情况以及原生代币价格。如果采用率不够高且代币价格过低，那么其安全性就缺乏保障，容易遭受攻击。

搭建应用链需要额外的基础设施并协调验证者网络。基础设施包括支撑链上交互的公共 RPC 节点以及区块浏览器、存档节点等数据分析基础设施，这些都需要大量人力、资金和时间投入。此外，还需要考虑区块链维护成本。这对于初创团队很不友好。

智能合约的可组合性对于建设繁荣的应用生态至关重要，而应用链与其他区块链的应用之间进行交互需要通过跨链桥，不仅需要跨越多个区块，并且不能实现"原子可组合"。

（四）应用链开发平台

1. Cosmos Zone

Cosmos 是首个设想实现多链世界的区块链网络，致力于将搭建可相互连接的专用链的流程进行简化和标准化。为此，Cosmos 开发了 Cosmos SDK，一个用于区块链定制开发的模块化框架。Cosmos

SDK 默认采用 Tendermint 共识机制，不过也支持其他的共识机制。后来，Cosmos SDK 添加了 IBC 模块，该模块允许 Tendermint 链之间无须信任就能够进行通信，这些链中的每个都被称为一个"区域"（Zone）。

早期的 Cosmos Zone 实行隔离安全机制，所有的 Zone 都要为自己的安全负责。这种情况下所有 Zone 都搭建自己的验证者网络，并使用该 Zone 的原生代币来激励验证者提供安全保障。这种模式虽然具有高度的灵活性，但是增加了应用链的开发门槛；因此，Cosmos 正准备实施更新，允许较小的 Zone 通过跨链安全模块从 Cosmos Hub 获取安全性[①]。

2. Polkadot 平行链

Polkadot 也致力于建设多链生态系统，其生态链被称作平行链，可以通过 Substrate SDK 启动。Polkadot 与 Cosmos 不同，一开始就提供了统一的安全服务。所有平行链都与 Polkadot 的主链（中继链）共享安全性，其中继链的核心功能就是为所有平行链提供共识机制和安全性，所以中继链没有智能合约功能。

由于采用共享安全机制，Polkadot 生态中的平行链必须在经过许可后才能启动。开发者需要通过锁定 DOT 或进行众贷来拍得平行链插

---

① Mohamed Fouda. 一文详谈 Cosmos、Polkadot 等应用链的风险与机遇 [EB/OL]. [2023-04-26]. https://zhuanlan.zhihu.com/p/568192323.

槽才能接入 Polkadot 网络。Polkadot 生态中的各平行链之间可以跨共识信息（XCM）格式进行通信。

3. Avalanche 子网

Avalanche 子网的实现模式类似于 Cosmos Zone，子网需要招募自己的验证者，区别在于这些验证者除了验证子网之外还需要参与验证 Avalanche 主网。与 Cosmos 相比，这种模式提升了主网安全性，同时也提高了子网进入门槛。

Avalanche 目前还不支持本地子网之间的通信，子网需要自行开发网关。

第二节
分布式存储

目前中心化的云服务是托管网站和数据的主流方式，这种方式能够帮助互联网企业降低文件和数据存储的成本和复杂度，但是这种模式存在着一些不容忽视的缺陷。

首先，这种模式缺乏抗审查性，监管部门可以直接命令服务商删除特定内容。

其次，安全性不足，中心化的服务商有能力随意更改数据存储内

Web3.0
构建数字经济新未来

容，同时中心化存储服务也容易受到攻击从而出现单点故障，这往往意味着数据暂时甚至永久丢失。

为了解决当前中心化数据存储存在的诸多痛点，开发者求助于区块链技术。基于区块链的"分布式存储"网络提供了一种稳健、高效、可扩展、安全且具有成本效益的信息存储方式。

一、分布式存储是什么？

分布式存储是一种革命性的数据存储和检索方法，无须中央机构或单点控制。它利用分布式计算机或节点网络以安全、可靠和抗审查的方式存储数据。

分布式存储的工作机制涉及将数据分解成更小的碎片并将它们分布在网络中的多个节点上。每个节点通常只存储数据的一个片段，确保没有任何一个实体能够完全控制整个数据集。为了增强安全性和隐私性，数据通常在分发之前进行加密。

当用户想要检索数据时，他们可以查询网络以跨不同节点找到所需的数据。通过加密技术和协议，可以安全地检索、组装和解密数据以供用户访问。存储系统的去中心化特性确保即使某些节点离线或不可用，数据仍然可以从其他节点访问，从而确保高可用性和容错能力。

分布式存储与 Web3.0 密切相关，Web3.0 作为下一代互联网，设想了一个用户可以更好地控制自己的数据、身份和数字资产的未来，而分布式存储在实现这一愿景方面发挥着至关重要的作用。Web3.0 应用程序可以利用分布式存储以安全且无须信任的方式存储数据。这使用户能够保留对其数据的所有权和控制权，从而减轻与集中式数据泄露、隐私侵犯和审查相关的担忧。

此外，分布式存储符合 Web3.0 核心的去中心化、不变性和透明性原则。通过利用分布式网络，它减少了对中心化实体的依赖，增强了数据完整性，并提供了针对审查和操纵的更大抵抗力。

Web3.0 生态系统内的项目和协议，例如，星际文件系统（IPFS）、Filecoin 和 Swarm，提供了分布式存储解决方案，使开发人员和用户能够利用 Web3.0 的优势。这些技术提供了构建 Dapp 和创建更加以用户为中心，安全且保护隐私的互联网所需的基础设施和工具。

二、分布式存储的优势

分布式存储具有以下五个优势。

（一）更安全

安全性是 Web3.0 用户和开发者考虑的首要因素，而传统的云存储存在难以克服的安全风险。

中心化云存储提供商主要将信息存储在全球各地的中心化大型数据中心，一旦某个数据中心爆发安全事件就会导致大规模的数据丢失。此外，黑客通过 DOS 攻击向服务器发送垃圾邮件或劫持管理员访问权限，也能很容易地阻止用户访问信息。

分布式存储得益于区块链的技术特性，能够提供更安全的存储服务。信息副本由分布式存储网络中的各个节点冗余保存，避免了单点故障，此外，其分布式架构也杜绝了窃取用户数据或限制用户访问的可能性。

分布式存储的用户可以相信其数据是被安全存储的，不会受到未经授权者的控制，Web3.0 开发者也不再需要担忧客户的数据安全问题，从而可以创建强大、安全和抗审查的 Web3.0 应用。

（二）更高效

目前的中心化云存储依靠少数大型数据中心向全球用户提供服务，这导致其在数据存储和信息检索方面的低效率。

偏远地区的用户距离数据中心较远，需要更多带宽来下载信息。这不仅会导致更高的连接成本，而且会影响下载速度。

用于中心化存储的客户机 - 服务器架构也容易出现服务故障，当太多用户试图访问同一台服务器或因故障影响物理硬件时，就会发生故障。2020 年 GitHub 长时间宕机，微软宕机数周，以及 2021 年脸书崩溃，都证明了中心化的数据管理的低效。

分布式存储的不同之处在于它使用点对点网络共享文件。每个节点都可以存储、请求或向其他用户发送信息。单个节点的故障不会影响整个系统的运行，信息始终可用，不会中断。

此外，分布式存储系统的存储节点分布在全球，用户可以直接连接到附近的节点共享文件，而不必向远程服务器发送信息请求，从而减少了带宽的占用。

分布式存储系统可以实现更快的文件检索和更低的带宽成本。

（三）低成本

中心化云存储的另一个问题是使用成本过高。亚马逊网络服务（AWS）等云存储服务往往需要购买套餐，开发人员通常必须为未使用的存储空间付费。由于缺乏替代方案和广泛的供应商锁定，即使开发人员不满意也不得不购买。

分布式存储则是随用随付，按需付费。用户可以控制他们存储文件所支付的费用，这可能会降低开发人员的存储成本。

此外，分布式存储系统也能通过合理的经济模型设计激励人们出租其闲置的存储设备，这也会降低 Web3.0 应用的存储费用。

（四）去信任

在中心化云存储平台上，用户只能信任该平台能保持其所存储数据的完整性和可用性。这种对中心化存储平台的信任可能会被侵犯，文件可能会从服务器上神秘消失，网站可能会被审查，应用程序可能会被政府关闭。

基于区块链技术的分布式存储消除了对信任的需求。分布式存储使用智能合约来确保存储提供商和用户遵守协议。例如，Filecoin 使用复制证明（PoRep）和时空证明（PoSpacetime）协议来验证节点是否按照约定持有存储文件的副本。

分布式存储允许 Web 开发人员在不信任任何人的情况下保持他对文件、应用程序或网站的可访问性。只要平台在运行，它的信息就可以随时按需获得。

（五）隐私性

中心化存储在隐私保护方面做得很不到位。中心化服务器经常成为协同黑客攻击的目标，导致敏感信息丢失和被盗。

在中心化云存储模式下，用户的隐私数据将被上传到大型中心化数据中心。用户不仅失去了数据的所有权同时也面临着隐私泄露的风险。一旦用户的隐私数据被泄露或被滥用，可能会给用户带来重大损失。

分布式存储使用隐私加密来防止未经授权的访问，还使用分片机制将文件划分为由随机分配的节点持有的片段。

这些措施可以保护用户的隐私和安全。第一，只有加密密钥的持有者才能解密该文件。第二，没有对等体可以访问完整的文件。但是，用户可以选择获取各种文件片段并重新构建文件。

隐私是 Web3.0 用户的一个重要考虑因素，任何 Dapp 开发人员至少可以确保用户的信息不被窥探，因此，分布式存储是 Web3.0 开发堆

第二章
Web3.0 基础设施

栈的核心部分。在中心化存储基础设施上构建 Web3.0 应用在任何意义上都违背了去中心化的目的。

三、代表性项目

（一）BitTorrent

BitTorrent 是最早的分布式存储平台。

BitTorrent 被广泛认为是一种点对点（P2P）文件共享协议，它改变了我们在 Internet 上分发和共享大文件的方式。BitTorrent 由布莱姆·科亨（Bram Cohen）于 2001 年开发，通过引入一种显著提高下载速度和效率的去中心化方法，彻底改变了文件共享领域。

BitTorrent 的核心是基于点对点通信的原则，其中用户（称为"点"）直接相互连接以交换文件。与依赖中央服务器的传统文件传输方法不同，BitTorrent 利用对等网络的集体力量来分发文件。

该协议的工作原理是将文件分成更小的部分，通常大小从几千字节到几兆字节不等。然后将这些片段分发给网络中的对等点。当用户启动下载时，BitTorrent 客户端与多个对等点建立连接，允许用户同时从不同来源下载文件的不同部分。这种方法不仅加快了下载速度，而且通过在网络上分配工作负载减轻了任何单个服务器的负担。

BitTorrent 的主要优势之一是它能够利用用户的上传带宽。当节点下载文件的片段时，它们也会将这些片段上传给请求它们的其他节点。这个"播种"过程在对等点之间创建了一种共生关系，因为每个对等点都对文件的整体分发做出了贡献。该协议的这种分布式特性不仅提高了下载速度，而且减少了任何单一来源的压力。

BitTorrent 还结合了一种称为"以牙还牙"的智能机制，它促进公平并激励用户为网络做出贡献。在这种机制中，用户优先分享他们已经下载的片段，鼓励平衡的数据交换。通过奖励上传更多的用户，BitTorrent 营造了一个合作环境，参与者有动力为文件的集体共享做出贡献。

BitTorrent 的另一个显著特点是它能够处理不可靠的网络。该协议采用错误检查机制来确保传输过程中的数据完整性。如果发现从一个对等点接收到的一段数据已损坏或不完整，则 BitTorrent 客户端会自动从另一个对等点请求丢失的部分。这种冗余和纠错机制增强了下载文件的可靠性和完整性。

BitTorrent 在促进大文件（如软件、媒体内容和其他数字资产）的分发方面发挥了重要作用。它已被广泛用于共享电影、电视节目、音乐专辑、开源软件等。该协议的效率和去中心化特性使其在分发具有高需求和庞大用户群的内容时特别受欢迎。

必须指出的是，BitTorrent 也因其与版权侵权的关联而面临批评和法律挑战。虽然该协议本身对共享的内容是中立的和不可知的，但它已被个人滥用以在未经许可的情况下分发受版权保护的材料。在使用

BitTorrent 或任何其他文件共享技术时，尊重知识产权并遵守法律和道德标准非常重要。

（二）IPFS/Filecoin

IPFS 和 Filecoin 是两种相互关联的技术，旨在彻底改变我们在互联网上存储、分发和检索数据的方式。IPFS 用作内容可寻址存储的去中心化协议，而 Filecoin 是一种加密货币驱动的网络，旨在激励 IPFS 网络内的数据存储和检索。

IPFS 是一种点对点分布式文件系统，它重新构想了互联网的传统客户端－服务器模型。IPFS 不依赖中心化服务器，而是利用互联节点的分散网络来存储和检索数据。在 IPFS 中，使用基于内容的寻址来识别和引用文件，其中内容本身用作唯一标识符。这意味着相同的文件会自动删除重复数据，从而减少冗余并优化存储效率。

IPFS 网络基于分布式哈希表的原理运行，可以高效地查找和检索文件。当一个文件被添加到 IPFS 网络时，它被分解成更小的块，每个块都被分配一个唯一的哈希加密。然后将这些块分布在整个网络中，每个参与节点存储数据的一个子集。当用户想要检索文件时，IPFS 网络使用文件的哈希值从存储它们的节点中定位和获取相应的块。

IPFS 的主要优势之一是它对审查制度和数据丢失的弹性。由于 IPFS 中的文件分布在多个节点上，因此即使某些节点离线或无法访问，网络仍然可以访问。此外，如果一个文件很受欢迎并且分布广泛，它就会变得高度可用，因为更多的节点拥有该文件的副本。IPFS 的这种去中心化特性增强了数据的可用性、持久性和可靠性。

另外，Filecoin 是一个建立在 IPFS 之上的分布式存储网络。它利用区块链技术和原生加密货币（也称为 Filecoin）来激励参与者提供存储空间并在 IPFS 网络中检索数据。用户可以支付 Filecoin 来将他们的数据存储在网络上，存储提供商通过出租他们的存储容量和完成数据检索请求来赚取 Filecoin。

Filecoin 采用称为复制证明（PoRep）的独特共识机制来确保存储数据的完整性和可靠性。PoRep 要求存储提供商通过执行一系列计算来证明他们实际上已经复制了他们声称要存储的数据。这种机制阻止了不诚实的行为并促进了对存储网络的信任。

通过结合 IPFS 和 Filecoin，用户可以利用这两种技术的优势。IPFS 提供了一种去中心化和弹性的存储解决方案，而 Filecoin 引入了经济激励措施来鼓励参与者为网络贡献他们的存储资源。这创建了一个自我维持的生态系统，用户可以在其中安全地存储和检索他们的数据，同时奖励存储提供商的服务。

IPFS 和 Filecoin 的影响扩展到各个行业和用例。它们通过提供去中心化和抗审查的存储选项来提供传统云存储解决方案的替代方案。它们还可以在不依赖中心化平台的情况下实现内容共享和分发，为点对点应用程序和去中心化社交网络提供新的可能性。此外，这些技术可以促进区块链应用、去中心化金融、供应链管理等领域的安全高效数据存储。

（三）Arweave

Arweave 是一个基于区块链的平台，为数据和信息提供永久和去中心化的存储解决方案。该平台由山姆·威廉姆斯（Sam Williams）于 2017 年创立，他曾在谷歌和微软担任软件工程师。

Arweave 的技术框架基于一种称为访问证明（POA）的独特共识算法，它使矿工能够通过在网络上存储数据来获得奖励。这激励了数据存储提供商分布式网络的创建，他们共同维护 Arweave 网络的数据存档。POA 确保网络保持安全、去中心化和抗审查，使其成为长期数据保存和归档的理想平台。

Arweave 的平台与传统的云存储解决方案相比具有许多优势。首先，它提供永久存储，这意味着数据无限期地存储在网络上，并且不能被删除或更改。这与传统的云存储解决方案形成对比，在传统的云存储解决方案中，数据可能会由于服务器故障、黑客攻击或其他问题而被删除或丢失。其次，Arweave 提供了一种低成本、一次付费的存储模式，消除了经常性的存储费用，使其成为需要长期、安全数据存储的个人和组织的有吸引力的选择。最后，Arweave 的去中心化架构确保数据存储在分布式节点网络中，使其能够抵抗审查和篡改。

然而，与任何技术一样，Arweave 也有其缺点。该平台面临的主要挑战之一是其吞吐量相对较低，这限制了网络上可以处理的交易数量。对于需要高交易量的 Dapp，例如，游戏或赌博行业的 Dapp，这可能是一个障碍。此外，平台的复杂性可能成为某些用户进入的障碍，尤其是那些没有技术专长的用户。

尽管存在这些挑战，Arweave 在区块链社区中依然拥有巨大的吸引力，越来越多的开发人员和组织采用该平台来处理各种用例。截至 2023 年，Arweave 网络拥有超过 40 万用户，市值超过 10 亿美元。Arweave 的技术已用于各种应用，包括去中心化社交媒体、去中心化金融和数据归档。

Internet Archive 采用 Arweave 是一个值得注意的例子，它与 Arweave 合作在区块链上存储网页的永久存档。这确保了存储在档案中的信息可供后代访问和研究，即使原始网站被删除或丢失。

第三节
加密钱包：进入 Web3.0 世界的门户

一、加密钱包概述

（一）加密钱包是什么？

加密钱包本质上是一种管理区块链地址和私钥的工具。地址是用户与区块链交互的基本单位。

加密钱包的主要功能如下。

密钥生成：钱包生成一对加密密钥——公钥和私钥，公钥用于接收资金，而私钥则保密并用于授权交易。

交易管理：钱包使用户能够发送和接收加密货币、监控其交易历史记录并检查其余额。

安全性：钱包采用多种安全措施来保护私钥，例如，加密、密码身份验证和双因素身份验证（2FA）。

兼容性：钱包兼容不同的加密货币，允许用户在单一界面内管理多种类型的数字资产。

值得注意的是，加密钱包本身并不实际存储加密货币。相反，它们存储访问和管理与特定区块链地址相关的资金所需的私钥。加密货币记录在区块链上，这是一个去中心化且不可变的分类账。

（二）加密钱包的演化

加密钱包是随着比特币的诞生而出现的，随着过去10多年区块链的发展，加密钱包也经历两次迭代[1]。

2009年，比特币主网上线，世界首个区块链网络正式开始运行。伴随着比特币主网上线的还有中本聪开发的比特币钱包以及后来其他开

---

[1] 达瓴智库. 万字详解 Web3.0 世界的通行证：钱包到底是什么 [EB/OL]. [2023-05-03]. https://foresightnews.pro/article/detail/20185

发者推出的比特币钱包，这些钱包只有简单的转账和记账功能。

2015 年，以太坊主网上线标志着区块链进入了智能合约时代。智能合约出现后，加密钱包也随之进行了迭代升级。加密钱包不只用来转账和记账，也可以与智能合约进行交互。

虽然以太坊作为首个智能合约平台具有很大的先发优势，但是其性能越来越无法满足快速发展的加密行业的需求。所以 Solana、Avalanche、Near、Porkdolt、Cosmos 等许多旨在替代以太坊的高性能公链应运而生，加密行业进入了多链时代。

虽然，每条链都有自己的专属钱包，但是从用户角度而言，没有用户愿意为每一个链都安装一个钱包，所以功能单一的链专用钱包逐渐式微，而能够支持多个公链且能同时管理各个链上资产的多链钱包日渐兴起，逐步成为主流。

同时加密钱包也在不断改善用户体验，用户可以在钱包中实现资产跨链、资产交易、智能合约交互、社交、资讯、查看行情等多样化的附加功能。加密钱包日渐成为加密世界的门户。

（三）加密钱包与 Web3.0

加密钱包是 Web3.0 的核心基础设施之一。

Web3.0 有别于 Web1.0、Web2.0 的核心特征是"own"，也就是说 Web3.0 的用户可以真正拥有并管理自己的数据和资产，而"own"是通过加密钱包来实现的。Web3.0 用户的所有资产操作，包括持有、交易、转账，都需要使用加密钱包。

钱包不仅是加密资产的载体，还可以实现加密资产的可视化和私钥管理——本质上我们所有的加密资产都只是区块链上的一串数据。因此，当您在钱包上处理资产时（收款、转账、支付等），钱包本质上只是通过私钥的管理来实现对加密资产数据的可视化处理。

用户与 Web3.0 的交互也需要通过加密钱包来进行，例如，使用 Web3.0 应用、参与代币质押（staking）以及 DAO 治理投票等。钱包与 Web3.0 的交互主要包括签名（身份验证）和智能合约交互，签名授权属于链下交互不需要 Gas 费，而智能合约交互是链上交互需要支付 Gas 费。

钱包不仅可以用来存放用户的加密资产，也可以让用户利用区块链技术来实现对其身份的确权，从而获得去中心化身份（DID）的所有权、控制权以及管理权，摆脱对中心化权威机构认证的依赖。

数字钱包正从曾经的小众极客工具，变成广大加密用户的常用工具。随着钱包和 Web3.0 应用生态的深入结合，钱包正在从管理私钥和数字资产的基本工具转变为 Web3.0 的战略入口。

二、加密钱包分类

根据私钥的归属权，可以将加密钱包分为三类：非托管钱包、混合托管钱包和托管钱包。

非托管钱包是指使用私钥／助记词生成和登录的钱包。非托管钱包的私钥在用户手中，用户拥有钱包，使用门槛高，安全性也最高，钱包私钥／助记符需要妥善保管，一旦丢失无法找回。

混合托管钱包的私钥掌握在用户和钱包服务商手中，双方都持有私钥，并使用双因素验证（2FA）等技术来保护钱包资产。这类钱包的使用门槛低，丢失可恢复，安全性介于托管钱包和非托管钱包之间。

托管钱包的私钥被托管在第三方托管机构手中，用户实际上只有钱包的使用权而非所有权，用户资产也只是一个显示的数字，托管机构可以随意挪用用户资金。中心化交易所的钱包便是最常见的托管钱包。这类钱包使用门槛较低，钱包可以找回。

根据存储介质可以将加密钱包分为冷钱包和热钱包，前者的私钥不会暴露在互联网环境中，往往有硬件加密钱包载体。典型的冷加密钱包有 Ledger 和 Trezor，流行度高的热加密钱包包括 Metamask、TokenPocket 和 ImToken 等。

三、加密钱包发展状况

加密资产的兴起推动了市场对加密资产安全存储和链上交互的需求，这也为加密钱包行业带来了发展机遇，大量开发者和资本涌入。根据 Blockchain.com 的数据，截至 2022 年年末全球有超过 3 亿人使用加密资产，加密资产的平均拥有率为 3.9%。2021 年，加密钱包用户数量达到 6 842 万，到 2022 年 7 月，加密钱包用户数量已达到 8 100 万，呈指数级增长。从未来的发展来看，钱包不仅是进入加密世界的入口，还将承担数字资产管理、社交互动等可塑功能，其重要性不言而喻。

加密钱包的商业模式随着其发展也在不断演变，当加密钱包作为存储用户私钥工具的时候侧重于积累用户及发展其资金存款功能，他们的盈利能力被限制，无法创造良好的收入。

为了创收盈利，加密钱包开始打破传统商业模式，推出种类繁多的增值服务，例如，理财产品、POS 开发、交易、资产聚合、行情资讯等，以及广告等流量变现方式增加收入。

四、主流加密钱包

（一）Metamask

Metamask 是 ConsenSys 于 2016 年推出的一款浏览器插件钱包，为以太坊和 EVM 区块链的用户提供 Dapp 交互、代币存储、代币交易等服务。通过将用户与 MyEtherWallet 连接起来，Metamask 消除了创建、存储或交易代币在执行每笔交易时输入私钥的需要。

Metamask 钱包是目前市场上使用最广泛的非托管加密钱包，截至 2022 年年末，其用户已经超过 7 000 万。

Metamask 还推出了 Metamask 机构，旨在引入金融机构来推动 Web3.0 的发展。通过 Metamask 机构，金融机构现在可以从一流的托管解决方案中受益，使他们能够访问 DeFi 并从一系列新的金融服务中受益。

（二）Coinbase 钱包

Coinbase 钱包是由知名加密货币交易所 Coinbase 开发的移动端加密钱包，旨在为用户提供一个安全且用户友好的平台来管理其加密货币。

Coinbase 钱包强调用户资金的安全。它实施了各种安全措施，包括私钥加密和存储在用户设备上，使其不易受到黑客攻击或在线威胁。用户对其私钥拥有完全的控制权和所有权，确保他们能够完全访问自己的资金。

Coinbase 钱包支持比特币、以太坊、币安链等主流 Layer1 公链以及 Arbitrum、Optimism 等 Layer2 区块链，允许用户在同一个钱包内存储和管理多种类型的数字资产。

Coinbase 钱包提供了内置的 Dapp 浏览器，允许用户无须离开钱包环境即可访问和使用各种去中心化服务和平台。

值得注意的是，Coinbase 钱包与 Coinbase 交易所分开运营。Coinbase 交易所提供托管服务，由交易所持有和管理用户资金，而 Coinbase 钱包使用户可以完全控制其私钥，从而增强了加密货币的安全性和所有权。

五、加密钱包 2.0

（一）MPC 钱包

MPC 是指多方安全计算（Multi-Party Computation），是一种重要的加密安全措施。MPC 钱包的概念代表了区块链技术和密码学领域的重大进步。随着加密货币的日益普及以及对安全存储和交易的需求不断增加，MPC 钱包已成为一种结合了安全性、隐私性和可用性优势的强大解决方案。

MPC 钱包旨在解决与传统单键钱包相关的固有安全风险。在单密钥钱包中，用户的私钥存储在单个设备或服务器上，使其容易被盗或遭到破坏。MPC 钱包采用分布式密钥生成和签名协议，多个参与者协作生成和管理私钥，而不会将其全部暴露给任何单个参与者。

这种分布式方法确保在任何时间点都没有单个参与者拥有完整的私钥，从而显著降低单点故障或内部人员恶意篡改的风险。相反，私钥被分成许多份额，每个参与者都持有一份密钥，而不知道其他参与者的份额。只有当需要签署交易时，参与者才会共同执行一个安全的计算协议，该协议将他们的份额结合起来生成一个有效的签名。

MPC 钱包的独特属性在于它们采用的加密协议。这些协议利用先进的数学技术，例如，安全多方计算、阈值密码学和秘密共享，在不泄露敏感信息的情况下实现安全和可验证的计算。MPC 钱包的数学基础确保私钥的私密性和完整性在整个过程中得到维护。

使用 MPC 钱包的主要好处之一是它提供的增强的安全性。由于没有一个实体拥有完整的私钥，因此单点故障或成功攻击的风险大大降低。即使一个或多个参与者受到威胁，如果没有足够数量的参与者的合作，也无法重建完整的密钥。MPC 钱包的这种分布式特性为各种形式的攻击提供了强大的防御能力，包括黑客攻击、内部威胁和物理设备盗窃。

MPC 钱包的另一个优势是它们的可用性和便利性。传统的硬件钱包通常需要用户管理和保护多个物理设备，增加了用户体验的复杂性和不便。相比之下，MPC 钱包可以实现为在智能手机或计算机等日常设备上运行的软件钱包。这简化了用户体验并消除了对额外硬件的需求，使 MPC 钱包更容易为更广泛的用户群所用。

此外，MPC 钱包支持高级功能，例如，阈值签名和多方批准。使用门限签名，多个参与者可以共同签署交易，无须单个授权方批准每笔交易。此功能增强了钱包的安全性和弹性，特别是在需要多个利益相关者参与决策过程的公司或组织环境中。

（二）账户抽象钱包

以太坊有两种账户：EOA 账户和合约账户。EOA 账户由私钥控制，

第二章
Web3.0 基础设施

拥有者可以通过签名交易来管理自己的账户，而合约账户由存储在智能合约内的以太坊虚拟机代码控制，当合约账户收到信息时，其内部代码就会被激活，并允许它对内部存储进行读取和写入以及创建新合约等操作。账户抽象是一种试图模糊这两种账户之间界限的通用性账户，使得账户可以同时拥有合约账户和 EOA 账户的功能。

以太坊开发者社区一直希望实现账户抽象化，并提出了多种方案，如 EIP-86 和 EIP-2938。其中，EIP-86 定义了一种新的账户类型，允许用户创建基于智能合约的账户，为账户抽象做了技术准备；EIP-2938 提供了一种账户抽象化解决方案，通过更改以太坊协议，允许合约账户与 EOA 账户一样可以发起交易，但该方案需要在共识层进行以太坊协议的更改，所以并没有得到广泛的接受[1]。

后来提出的 ERC-4337 则提供了一种无须更改共识协议的方案，试图达到与 EIP-2938 同样的效果，这种安全性更高的实现方式目前在社区中得到了更多的关注。ERC-4337 旨在将用户的 EOA 升级为"智能账户"，使账户能够作为智能合约运行。这意味着每个加密钱包都可以有可定制的授权逻辑，以满足个人用户或应用程序的需求。ERC-4337 引入了新的 UserOperation 内存池，用户将 UserOperation 对象发送到以太坊节点，而不是交易，他们将一组这

---

[1] 万物岛. 万字详解以太坊账户抽象与 ERC-4337：如何打开下一个 10 亿级用户入口？[EB/OL].[2023-05-20]. https://new.qq.com/rain/a/20230420A0687W00

些对象打包成一个包含在以太坊链中的交易。ERC-4337 最明显的好处之一是它可以使加密行业外的普通用户更容易访问以太坊，可以解决用户目前从创建钱包到使用钱包所面临的一些关键问题，让钱包变得更加简单易用。

ERC-4337 可以解决用户从创建钱包到使用钱包所面临的一些关键问题，如恢复丢失的私钥、在没有助记词的情况下保护钱包、执行自动支付和无 Gas 交易等。基于 ERC-4337 的智能账户引入了"社交恢复机制"，可以联系之前指定的"监护人"合约或账户来帮助找回访问权限。

第四节
预言机：Web3.0 数据接口

一、预言机是什么？

预言机是从链下节点获取数据并验证后，将其传输到链上智能合约的应用。预言机除了能够将链下数据输入链上，还能够将链上信息传输到链下。

预言机充当了链下世界与链上世界之间的信息"桥梁"。没有预言机的话，链上智能合约就只能访问链上数据，而预言机为 Web3.0 应用提供了用链下数据来触发链上智能合约的机制。

例如，假设汤姆和杰瑞想对一场体育比赛的结果下注。汤姆在 A 队下注 20 美元，杰瑞在 B 队下注 20 美元，总金额 40 美元由智能合约托管。游戏结束后，智能合约如何知道将资金释放给汤姆还是杰瑞？这种情况下就需要有预言机来从链下获取准确的比赛结果，并以安全、可靠的方式将比赛结果传递到链上智能合约。

由于 Web3.0 应用也都是基于区块链智能合约的，而链下数据基本是来自 Web3.0 的，所以预言机也可以看作是 Web3.0 与 Web2.0 的数据接口。

二、为什么需要预言机？

智能合约是一种自动执行的程序，一旦满足特定条件，就能够在各方之间执行内置的合约；所以只有输入数据智能合约才能输出结果。问题在于，智能合约无法直接与现实世界进行数据交互。

对于以太坊这样的公链，在全球各地有成千上万个节点在处理交易，为了保持系统的稳定运行，就需要保证多数节点最终执行结果是一致的，所以公链必须是一个确定性系统。也就是说，在给定初始状态与特定输入的情况下公链应当始终产生相同结果，在输入—计算—输出的过程中不应当存在随机性变化。

Web3.0
构建数字经济新未来

如果区块链直接从现实世界接收数据的话，则无法实现确定性，从而使各节点无法就区块链状态更改的有效性达成一致。例如，一些 DeFi 应用需要根据从传统价格 API 获得的实时 ETH-USD 价格执行交易，但是由于 ETH 价格会不断变化，再加上没有权威机构作为事实来源，这会导致执行相同合约代码的不同节点会得到不同的结果，进而会导致共识崩溃。

由于上述问题的存在，所有 Web3.0 应用需要有预言机从链下获取并验证信息，再将其存储在链上供智能合约使用。由于存储在链上的信息公开可用且不可更改，所以区块链节点可以安全地使用预言机提供的数据来计算状态变化而不会破坏共识。

预言机通常都是由部署在链上的智能合约以及一些链下节点组成的。链上合约用于接收来自其他智能合约的数据需求，并将其发送到链下节点。链下节点则根据数据需求从数据源搜集数据，经过验证后将请求的数据发送到链上。

从本质上讲，区块链预言机以"混合智能合约"的方式跨越了区块链与链下世界之间的信息鸿沟，所谓"混合智能合约"是指基于链上智能合约和链下基础设施组合运行的合约[1]。

---

[1] SupraOracles. 预言机的前世今生：定义、困境、关键因素、分类以及鲜为人知的应用案例 [EB/OL]. [2023-06-17]. https://www.jinse.cn/news/blockchain/1560714.html

三、预言机分类

预言机有多重分类方式，可以根据信任模型（中心化或去中心化）、数据流向（输入、输出）以及预言机功能进行分类。

（一）中心化预言机与去中心化预言机

1. 中心化预言机

中心化预言机一般是由单个实体控制的，负责聚合链下信息并根据需求更新预言机合约的数据，中心化预言机往往依赖单一的事实来源。但是，中心化预言机虽然效率较高，却存在如下缺陷。

可靠性低：中心化预言机无法确认其所提供信息的准确性。虽然中心化预言机通常是由"有信誉的"机构运行，但这类机构并不能消除由于系统被攻击或者存在故障而出错的可能性。而一旦预言机出错，就会导致智能合约根据错误数据执行，进而可能造成巨大损失。

可用性差：中心化预言机不能保证其服务的稳定性和持续性。如果服务商决定关闭服务或黑客劫持了预言机的链下组件，客户的智能合约就会面临拒绝服务（DOS）攻击的风险。

道德风险高：中心化预言机通常不存在激励数据提供者发送准确、未更改信息的激励措施。随着相关智能合约管理的资产规模越来越大，对于人们操纵预言机数据的利益与诱惑也会越来越大。

2. 去中心化预言机

去中心化预言机旨在通过消除单点故障来克服中心化预言机的局限性。去中心化预言机的数据源通常是基于多个链下节点组成的点对点网络，先由这些链下节点就链下数据达成一致后才会将数据发送到智能合约。

在理想情况下，去中心化预言机应当是完全免许可、去信任、抗监管的；但实际上，预言机的去中心化并不是绝对的，非此即彼的。例如，既有半去中心化的预言机网络，任何人都可以参与，但有一个"超级账户"可以根据各节点的历史表现决定批准或者删除节点，也存在完全去中心化的预言机网络，这类预言机通常以独立区块链的形态运行，还为协调各节点利益、惩罚不当行为构建了适当的共识机制。

去中心化的预言机具有以下优势。

高可靠性：去中心化预言机通过多个链下节点组成的点对点网络来提供数据，并要求各节点就链下数据的有效性达成一致，这就避免了中心化预言机常见的单点故障。

真实性证明：去中心化预言机通过真实性证明来对预言机各链下节点提供的数据进行独立验证，不仅可以验证信息来源，也可以检测数据是否经过更改。

（二）输入预言机与输出预言机

1. 输入预言机

输入预言机更为常见，它可以从链下获取并验证数据，以供混合智能合约使用。预言机协议通过节点网络从 API 或其他网络数据源中得到聚合数据，这些数据以某种方式进一步聚合，在可接受的误差范围内达成一致。

2. 输出预言机

输出预言机相对少见，主要由用户向外部发出数据，Web3.0 应用可以用输出预言机向链外发送数据表明某事件已完成。

例如，共享汽车 App 也使用输入和输出预言机来指示已付款并解锁单车或汽车。

（三）计算预言机

除了用于获取并验证链下数据，预言机还可以执行其他功能，例如，用于链下计算随机性的可验证随机函数（VRF）。VRF 能够为链上智能合约生成公平、透明的随机数。例如，NFT 项目通常一个系列铸造 10 000 个 NFT，每个用户随机铸造其 NFT。使用预言机来生成 VRF 可确保铸币过程是随机、公平且可通过数学算法证明的。

预言机还可作为"软件机器人"，在发生特定事件时自动执行智能合约。例如，预言机可以在收益达到特定金额后，提取资金或者将其转移到其他协议以最大化收益。预言机还可以用零知识证明在保障隐私的情况下验证数据的真实性，兼顾了用户隐私、数据安全性和交易速度。

四、预言机使用场景

预言机作为 Web3.0 与链下世界之间的数据接口，拥有丰富的应用场景，目前最主要的应用场景是 DeFi 市场，其在 NFT 市场、Web3.0 游戏、DAO 等领域也有很大的应用潜力。

（一）DeFi 和储备证明

大多数 DeFi 协议都需要通过预言机来访问链下数据。去中心化借贷协议需要借助预言机提供的抵押品价格来确定抵押品的价值以及是否需要清算，去中心化衍生品需要预言机提供底层资产价格来计算用户仓位价值。

（二）NFT 和 Web3.0 游戏

NFT 市场中的动态 NFT 需要预言机的支持。NFT 是一种在区块链上铸造的、不可分割的、不可替代的可交易代币。动态 NFT 的状态可以根据外部事件（例如，天气状况、比赛结果或解锁游戏成就）而产生变化。动态 NFT 可以通过计算预言机来产生可验证的随机性，随机为 NFT 分配背景颜色、帽子样式、毛皮颜色等特征。

Web3.0 游戏和元宇宙协议可以使用计算预言机来生成随机数，这样才能创建可验证的概率事件。

（三）SocialFi 和 DAO

预言机还可以在作为 DAO、SocialFi 等 Web3.0 应用场景中的去中心化身份验证器。通过集成用户的链上链下活动数据，预言机可以帮助用户在 Web3.0 应用中管理验证自己的身份凭证。

五、主流预言机

（一）Chainlink

Chainlink 是一个去中心化的预言机网络，该项目成立于 2014 年，白皮书于 2017 年 9 月发布，并于 2019 年 5 月在以太坊主网上线。Chainlink 是最早成立的去中心化预言机项目，拥有明显的先发优势以及积极的网络效应，是目前使用最广泛的预言机，目前成为区块链生态系统中的关键基础设施组件。

Chainlink 的核心是一个去中心化的预言机网络，充当智能合约和外部数据源或 API 之间的中介。预言机是从链下来源检索和验证数据并将其交付给链上智能合约的节点。该机制确保智能合约使用的数据的准确性和完整性，防止操纵或篡改。

Chainlink 生态系统由三个主要参与者组成：节点运营商、数据提供商和智能合约开发商。节点运营商通过运行预言机节点和从外部来源检索数据来维护 Chainlink 网络。他们通过 Chainlink 的原生加密货币

LINK 代币获得激励。

数据提供者负责向预言机网络提供必要的数据。它们可以是传统的数据提供者，例如，金融机构或数据聚合器，也可以是区块链原生的去中心化数据网络。

智能合约开发人员利用 Chainlink 将现实世界的数据集成到他们的合约中。他们指定所需的数据，Chainlink 的预言机在将数据交付给智能合约之前获取并验证该数据。这允许使用真实世界的应用程序创建动态和强大的智能合约。

Chainlink 已建立了一个由开发者、节点运营商、数据提供商和用户组成的繁荣生态系统。Chainlink 网络的广泛采用可归因于其多功能性、安全性和灵活性。它已被整合到各个领域，包括去中心化金融、供应链管理、游戏等领域。

Chainlink 对其协议进行了多项重大升级和改进。例如，Chainlink2.0 的推出旨在引入链下计算和去中心化随机性等功能。此外，Chainlink Keepers 的引入可实现智能合约维护的自动化并确保其持续运行。

此外，Chainlink 还支持互操作性，使其预言机能够无缝连接到多个区块链和智能合约平台。这种跨链兼容性增强了网络的影响力，使其成为更广泛的区块链生态系统的基本组成部分。

（二）Banksea

Banksea Oracle 是一个去中心化的区块链基础设施，采用 AI-

Driven 的方法，将大数据、人工智能和区块链相结合，形成一个去中心化的区块链基础，全面分析 NFT。为用户和合作伙伴提供安全、客观、实时的 NFT 分析和估值服务。

Banksea 由数据聚合器、AI 分析与用户界面组成。数据聚合器用于搜集处理各种原始数据，包括链上数据、NFT 交易市场上的交易活动以及社交媒体上的用户观点。AI 分析可以使用 AI 模型生成 NFT 的估值、24 小时均价、地板价和风险评估等数据，然后将这些数据提供给智能合约。用户界面（Oracle 合约 /Banksea API）可以将这些估值输出到外部。

Banksea 的主要应用场景包括钱包、NFT 市场以及 NFT 借贷。

钱包：Banksea Oracle 与钱包伙伴建立深度合作，为他们提供收藏级和 NFT 级的综合分析，例如，特质分析、稀有度分析、人气分析、交易分析、实时估值等，方便用户分析资产状态。

NFT 市场：Banksea Oracle 将探索与主流 NFT 市场的合作，为用户提供全面的 NFT 分析和安全、客观、实时的 NFT 估值，以制定更好的交易策略。

NFT 借贷：到目前为止，由于缺乏合理的策略来评估 NFT 的价值和稳定性，大多数 NFT 借贷平台仍采用 P2P 商业模式。Banksea Oracle 将通过允许 NFT 借贷项目访问 API 对 NFT 进行估值和波动评估来改变这一现象。Banksea 可以为 NFT 借贷提供安全合理的解决方案，实现 7×24 小时的市场监控，将风险降到最低。

Banksea Oracle 将部署在 Solana、Ethereum、Moonbeam 等生态系统中。它具有高度可扩展性，适用于钱包、市场、NFT 借贷等各种场景，并为多链上的合作伙伴协议提供服务。

第五节
DID：Web3.0 身份体系

一、DID 是什么？

DID 是目前 Web3.0 领域的一个重要赛道，不过市场对 DID 的理解和界定也存在一个演变的过程。

DID 在早期指的是"decentralized identifiers"，即"去中心化标识符"。这是由 W3C 牵头提出的一套标准，旨在解决 Web2.0 时代中心化身份体系所存在的问题，所以早期的 DID 概念和 Web3.0 没有直接关系。

目前我们在讨论 DID 的概念时，一般指的是"decentralized identity"，也即"去中心化身份"。

去中心化身份将个人置于其数字身份的中心，赋予他们对个人数据的所有权和控制权。它使用户能够管理他们的身份属性，例如，个人详细信息、凭据和交互，而无须依赖中央机构或第三方中介机构。这种范式转变不仅赋予个人权利，还解决了困扰传统身份系统的隐私、安全和数据泄露等关键问题。

二、为什么需要 DID 身份？

现在 Web3.0 中的链上交互都是基于区块链地址的，而创建一个新地址的成本可以忽略不计，所以用户可以随时放弃一个地址所代表的"身份"，也可以创建大量的地址"身份"，从而导致一系列问题。

对于此种现象，维塔利克·布特林及其合作伙伴近期也在长文《去中心化社会：寻找 Web3.0 的灵魂》("Decentralized Society: Finding Web3's Soul")中指出：他们认为，Web3.0 目前在应用层存在相当的局限性，而这种局限性源自当前 Web3.0 缺乏代表"人类的身份以及社交关系"的原生组件。这导致许多应用在实现关键功能的时候，必须依赖于其原本想超越的中心化 Web2.0 架构，从而复制了后者的局限性，无法实现 Web3.0 闭环。

典型的案例有：

①当前的 DeFi 由于无法构建地址与"真人"的联系，无法实现不少现实中常见的经济活动，比如抵押物不足的借贷。

②DAO 如果想实现（有代币门槛的）"一人一票"投票机制，

> 往往得依赖 Web2.0 的基础设施，如社交媒体个人资料，来对抗女巫攻击（用程序生成大量机器人模拟真人行为）。
>
> ③ Web3.0 建设者在各个 DAO 建设中都做出了贡献，但这种贡献却无法直接与其链上的身份绑定，导致其在求职时可能依然需要走 Web2.0 的简历填写等流程。
>
> ④一些 NFT 项目声称自己是由某知名艺术家创作的，但这种创作无法在链上得到直接验证。用户只有通过 Web2.0 社交媒体联系艺术家来验证真伪，若无法联系或得不到及时澄清，容易上当受骗。

Web3.0 原生身份组件的构建，对于 Web3.0 的进一步繁荣发展是至关重要的。

三、DID 的优势

去中心化身份解决方案为组织带来如下优势。

（一）隐私和数据所有权

中心化身份系统通常会收集和存储大量个人数据，使个人容易受到数据泄露、监视和身份盗用的影响。去中心化身份允许个人完全控制他们的数据，选择何时以及与谁共享数据。这使用户能够保护他们的隐私并重新获得他们个人信息的所有权。

（二）以用户为中心的身份

Web3.0 建立在去中心化、自治和用户授权的原则之上。通过将焦点从中心化实体转移到个人，去中心化身份完全符合这些原则。它使用户能够跨各种平台和服务创建和管理他们的身份，从而培育一个更加以用户为中心和更具包容性的数字生态系统。

（三）互操作性和可移植性

在当今的数字环境中，用户通常拥有分散在不同平台和服务中的多个在线身份。去中心化身份为互操作性和可移植性提供了一个标准化框架，允许用户在各种 Web3.0 应用程序之间无缝地进行身份验证和交互。这消除了多次登录的需要并简化了用户体验。

（四）信任和验证

去中心化身份引入了加密机制，支持可验证的凭证。用户可以从可信来源获得证书，例如，教育学位或专业证书，并将它们存储在他们的去中心化身份钱包中。这些凭据可以通过密码验证，确保信任和真实性，而无须依赖中央机构。

（五）减少身份欺诈

由于个人信息的集中存储，传统的身份系统容易受到身份欺诈的影响。去中心化身份通过在网络中分发用户数据来减轻这种风险，使恶意行为者更难破坏单点故障。使用加密证明可确保身份声明是防篡改和可信的。

（六）保障 UGC 版权

Web3.0 的特点是用户生成的内容（UGC）和去中心化的应用程序。去中心化身份通过提供可靠且可追溯的方式将内容创建者与其创作联系起来，在这种情况下发挥着至关重要的作用。它使个人能够保护他们的知识产权，建立声誉，并因其贡献而获得公平的报酬。

四、DID 分类及代表性项目

Web3.0 中的不同应用场景对 DID 提出的需求也存在区别。根据不同应用场景需求的侧重，当前的 DID 项目可以大致划分为四类：链下身份认证、链上身份聚合、链上信用评分、链上行为认证。

（一）链下身份认证

将链下真实人物身份信息与链上地址进行绑定是解决 Web3.0 身份问题的貌似有吸引力的一个解决方案：假设一个人毕业于哈佛大学，在苹果公司担任工程师，并拥有纽约的房产。如果上述信息能够得到认证，并绑定到此人持有的链上地址，那么这些链下的荣誉和固定资产也将为他的链上社交活动、借贷和链上活动带来好处，例如，他可以结识 Web3.0 领域的哈佛校友，也可以在链上获得低息贷款甚至信用贷款。

不过目前阶段想在信息层面上进行绑定验证仍然存在很大困难。最关键的原因是，这些链下行为无法在链上得到验证，其验证依赖于中心化机构的背书。例如，如果你想获得一个简单的工作单位认证，你需要让这些工作单位与链进行合作进行审计操作。考虑到 Web3.0 的当前普及率和入门门槛，这对于项目的推广来说是相当困难的；此外，如果你想通过工作项目经验认证提供审核可能会面临审核难度和舞弊的可能性——毕竟这些事情并不在链上。

很少有项目愿意挑战链下信息的验证。BrightID 是真实人物身份验证的代表项目，用户需要预约 Zoom 视频会议，并通过面部识别和审核官员的审查完成 BrightID 的独特身份认证。

BrightID 目前的主要应用场景来自一些项目方在进行项目时的"一人一账户"要求。例如，只有通过 BrightID 的认证才能领取空投。目前，像 Gitcoin、RabbitHole 和 Status 等许多项目都采用了 BrightID。

（二）链上身份聚合

该类型的 DID 项目并不关注用户的线下情况，而是利用"数字身份"的概念实现用户在链上信息的汇聚和管理，进而成为用户进入 Web3.0 世界的门户。其中隐含的一个假设是：Web3.0 应用的服务对象是"数字身份"，而不是真实的人。每个用户都可以选择在 Web3.0

中建立多个数字身份，考虑到用户时间和精力的有限性，这些数字身份在重要性上存在区别，如果一个用户想要利用成熟的数字身份进行违约、欺诈等行为，那么他可能会失去之前建立这个数字身份所付出的所有努力。

该类别的代表性项目是 Spruce。Spruce 致力于构建一个跨平台、跨公链、跨链上链下的身份认证系统。比如，用户用基于 SpruceID 的认证插件来使用以太坊账户，直接登录 Discord，不再需要进行多次的信息验证。

Spruce 的身份认证主要体现在用户的 Web3.0 地址与 Web2.0 平台账号的互通及融合。对于已经在 Web2.0 中建立了影响力的关键意见领袖（KOL）而言，能够将其 Web3.0 地址与其 Web2.0 平台账号进行绑定，无疑是一个很有吸引力的身份增强方案，一个上百万粉丝的推特 KOL 去做链上借贷时，通常可以得到优惠的抵押率和利率。

2022 年 4 月 20 日 Spruce 完成了 A16Z 领投的 A 轮 3 400 万美元融资[1]。

（三）链上信用评分

这类项目致力于拓展 DeFi 借贷的业务场景，在 Web3.0 实现传统金融行业常见的信用借贷机制，以提升 DeFi 的资金配置效率。

---

[1] Rocco. Decentralized Identity and Web3[EB/OL].[2022-12-05]. https://blog.spruceid.com/decentralized-identity-and-web3/

此类项目的代表性项目之一是 DeFi 借贷协议 ARCx。ARCx 于 2022 年 5 月 13 日完成了由 Dragonfly Capital、Scalar Capital 和 Ledger Prime 领投的新一轮融资。

ARCx 为其用户颁发"DeFi Passport",并根据 DeFi Passport 持有者的信用分来对其链上地址信誉度进行量化。信用分取值范围在 0~999,其取值通过对持有者的链上地址进行分析来确定,而用户的抵押率也取决于其信用分。DeFi Passport 能够帮助高信用分的地址获得更有吸引力的抵押借贷条款。

与前两类 DID 项目相比,链上信用评分项目更关注用户数字身份的金融属性,数据分析聚焦于用户的链上交易行为而非其社交行为,所以这类项目难以成为完整的 DID 项目。不过由于 DeFi 在当前 Web3.0 生态中的重要性,这类项目将会是 DID 生态中不可或缺的一环。

(四)链上行为认证

前三类项目主要是对用户的身份状态和信息进行静态的分析,而链上行为认证则是通过引导用户参与特定活动、完成特定任务、获得链上认证的方式更新其身份状态。这类项目通常不提供 DID 服务,而是强调对用户已有 DID 进行动态更新。

该类别的代表性项目是 Galxe。Galxe(最初项目名称为 Project Galaxy)被称作是"数据凭证网络",此处"凭证"是行为认证的具体表达。

Galxe 旨在构建一个开放和协作的凭证数据网络，让 Web3.0 中的所有开发人员都可以访问。Galxe 为社区成员提供基础设施，以管理数字凭证并将其贡献给 Galxe 的数据网络。Galxe 的基础架构支持通过多个数据源管理凭据。对于链上凭证，策展人可以贡献子图查询或静态快照。对于链下凭证，Galxe 集成了 Snapshot.org、推特和 GitHub 等数据源。

通过为 Galxe 的凭证数据网络做出贡献，当在 Galxe 的应用程序模块、Credential Oracle Engine 和 Credential API 中使用凭证时，策展人将获得奖励。因为有用户在 Galxe 的生态系统中消费（付费使用）数据，这会激励更多的用户来管理 Galxe 的数据网络。

时至今日，已有超过 2 100 家合作伙伴在 Galxe 上发起了超过 10 000 场活动[1]。

五、对 DID 的展望

目前 DID 依然处在早期探索期，一些关键问题仍然有待厘清。

首先，是关于 DID 发展方向的争议。是像 UniPass[2] 一样与钱包争夺 Web3.0 生态入口的位置？还是为用户提供实人认证和信用评分等协议接口，为各种上层应用服务？再或者与 Web2.0 平台集成，通过"与

---

[1] 数据来自 https://docs.galxe.com/。
[2] UniPass 是一个支持邮件社交恢复的智能合约钱包解决方案。——编者注

Web2.0 共存"的方式加强认证的可靠性和有效性？也许这三种路径会相互交错，甚至可能存在其他路径，目前尚未得到解答。

其次，是"数字人"和"真实人"之间的选择。Web3.0 应用应该服务于具有身份验证的真实人，还是链上的数字身份？后者似乎更符合 Web3.0 的初衷，但从全球监管合规和 Web3.0 的普及角度来看，真实人的验证可能是不可避免的。未来两者共存的可能性也不可否认：经过身份验证的真实人账户享有更多的权利，但纯数字人仍然会被接受。

最后，是关于隐私保护。随着各种认证和评级的增加，甚至是对真实人链下信息的绑定，会增加用户的隐私泄露风险。当然，用户不希望这些数据被存储在项目方的中心化数据库中，否则将失去 Web3.0 的意义。

第六节

Web3.0 隐私方案

一、Web3.0 隐私是什么？

（一）Web3.0 隐私解析

在 Web3.0 时代，用户与 Web3.0 应用的所有交互都会表现为链上数据的形式，而链上数据也包含了用户在 Web3.0 网络的所有活动。

例如，ERC-20 的 transferFrom 函数（参数为 _from,_to,_value）中的信息就包括转账发送人、转账接收人、转账金额。针对这类交易，我们就可以定义 Web3.0 时代的匿名性、保密性与隐私。

匿名性： 交易的发送人和接收人的真实身份不公开，转账金额公开（只有参数 _value 公开）。

保密性： 转账金额等参数不公开，发送人和接收人公开（参数 _from 和 _to 公开）。

隐私： 同时实现匿名和保密，关于转账交易的任何参数都不公开，包括发送人、接收人、转账金额。

通过上述讨论，我们得到了如下关于 Web3.0 隐私的公式：

Web3.0 隐私＝机密性＋匿名性＝数据隐私＋身份隐私＋计算隐私

此外，Web3.0 用户还必须有权在交易发送前决定是否对交易相关信息进行隐私保护，因为在交易后再想要主动选择对交易信息执行隐私就难以实现了。

（二）数据隐私

数据隐私包含了数据所有权以及对数据内容的保密。

Web2.0 用户对自身积累的数据没有所有权，也没有管理控制权限，这就导致了用户缺乏隐私。用户自身就是互联网平台的产品，用户在平台上的所有操作和相关数据，都会被追踪并保存在平台服务器，并成为平台广告收益的源泉。

而 Web3.0 用户对自身积累的数据同时拥有所有权与控制权，能确保数据完全属于用户，任何 Web3.0 应用没有经过用户授权就无法读取使用相关数据，而这正是 Web3.0 的隐私性的体现。

数据内容保密是指通过零知识证明（ZKP）等隐私技术对交易记录或交易具体内容进行隐私加密。

（三）隐私计算

传统的计算方法通常需要对数据进行集中处理或与第三方实体共享，这引发了对隐私泄露、数据泄露和未经授权访问的担忧。隐私计算通过提供一个框架来解决这些问题，在该框架中，多方可以在不向彼此透露基础信息的情况下协作对其数据执行计算。这种范式转变可确保维护数据隐私，使组织和个人能够利用高级分析和计算的优势，同时保护敏感信息的机密性。

隐私计算利用密码技术、分布式系统和安全协议来实现协作计算而不暴露敏感数据。隐私计算的关键工具之一是安全多方计算（MPC），它允许多方联合计算其私有输入的函数，而无须向其他人透露这些输入。MPC 确保每一方仅了解计算的最终结果，同时保留各个输入的机密性。

密码学在隐私计算中起着至关重要的作用，提供同态加密和安全函数评估等机制。同态加密允许在不解密数据的情况下对加密数据执行计算，确保底层敏感信息在整个计算过程中保持机密。安全功能评估使多方能够在保护其输入隐私的同时共同评估功能。

隐私计算还依赖分布式系统来增强隐私和安全性。分布式系统不依赖中央服务器来存储和处理数据，而是将计算工作量和数据分布到多个节点或参与方。这种方法降低了单点故障或未经授权访问敏感数据的风险，从而增强了隐私和安全性。

（四）身份隐私

身份隐私实际上是指匿名性，核心是实现数字身份与真实身份的隔离也即在用户登录网络的过程中实现身份匿名，其最典型的应用场景就是暗网。

二、隐私项目分类

（一）隐私交易协议

隐私交易是指通过 ZKP、同态加密等隐私技术对用户的链上交易数据进行保密处理，保障用户交易数据对外部的原生隐私性。隐私交易是最受市场关注的隐私赛道之一，已经有数十个隐私交易项目获得了知名机构投资。

隐私交易网络包括 Layer1 隐私协议与 Layer2 隐私协议，前者包括 Aleo、Nym、Secret Network、Iron Fish 等，后者包括 Aztec Network、Zecrey 等。

1. 代表性项目：Aztec Network

Aztec Network 是一个 Layer2 隐私交易网络，主网已于 2020 年 11 月上线。

Aztec Network 建立在零知识证明技术的基础上，使用户能够在区块链上进行交易，而无须向公众透露他们的身份或交易细节。这种隐私保护是通过使用 Aztec Private Rollup 实现的，Aztec Private Rollup 是一种 Layer2 扩展解决方案，可以隐藏第 1 层 DeFi 交易。借助 Aztec Private Rollup，用户可以匿名执行交易，并确保他们的敏感财务数据不被窥探。

除了其隐私保护功能外，Aztec Network 还结合了其他高级密码技术，例如，同态加密和范围证明。这些技术有助于优化交易验证时间并降低与在以太坊区块链上执行交易相关的天然气成本。Aztec Network 提供了一种更高效、更具成本效益的方式来在区块链上进行交易，同时保持隐私和安全。

自推出以来，Aztec Network 在区块链社区内获得了大量追随者，目前有超过 20 000 名用户在该平台上进行交易。该平台还获得了顶级风险投资公司的大量投资，包括 2021 年 12 月由 Paradigm 领投的 1 700 万美元 A 轮融资。

2. 代表性项目：Aleo

Aleo 是一个以隐私为中心的区块链项目，旨在为开发人员提供一个安全高效的平台来构建去中心化应用程序。该项目基于零知识证明的概念，允许在不透露任何信息的情况下验证声明。

Aleo 的核心目标是使开发人员能够构建具有强大隐私保证的去中心化应用程序。该平台提供一系列隐私功能，包括端到端加密、安全多方计算和零知识证明。这些功能使开发人员可以构建能够抵抗来自外部各方（例如，黑客或政府机构）的攻击的应用程序。

Aleo 的一个关键特性是它使用零知识证明，它允许在不透露任何信息的情况下验证一个陈述。这意味着用户可以证明他们拥有访问特定资源的必要凭据，而无须泄露任何个人信息。这对于处理敏感信息（如财务数据或医疗记录）的应用程序尤为重要。

Aleo 的另一个重要特性是它对可扩展性的关注。该平台的设计具有高度可扩展性，能够每秒处理数千笔交易。这使它非常适合用于从去中心化金融到供应链管理的广泛应用。

除了其技术特性外，Aleo 还拥有强大的开发人员和支持者社区。该项目由经验丰富的开发人员和顾问团队提供支持，他们致力于为去中心化应用程序构建安全高效的平台。

2022 年 2 月初，Aleo 以 14.5 亿美元的估值完成了 2 亿美元 B 轮融资，软银愿景基金二期和 Kora Management 共同领投，Tiger Global、A16z、Samsung Ventures、Slow Ventures 和 Sea Capital 参投。

（二）隐私计算协议

隐私计算协议是更为基础的底层设施，注重数据使用过程隐私而不是交易信息隐私，涵盖了数据生成、汇集、存储、分析、使用、销毁等各个环节。隐私计算主要应用于 DeFi、NFT 等场景，未来还将与 AI 技术进行深度融合。

目前比较知名的区块链隐私计算网络包括 Oasis Network、PlatON、Phala Network、ARPA、Aleph Zero、Findora 以及 Deeper Network 等。尽管这些网络在保护隐私方面具有显著优势，但由于部分技术还不成熟，目前的实际应用场景较为有限。

> 代表性项目：Oasis Network
>
> Oasis Network 是一个基于区块链的隐私计算平台，致力于解决区块链空间中隐私和可扩展性的关键挑战。Oasis 网络以隐私、安全和可扩展性为重点，提供分散式基础设施，使个人和组织能够保持对其数据的控制，同时受益于区块链技术的优势。
>
> Oasis Network 的核心是利用分布式账本技术的力量为数据交换和计算创建一个安全透明的生态系统。与优先考虑隐私或可扩展性的传统区块链不同，Oasis Network 努力在两者之间取得平衡，提供结合隐私保护功能和高性能功能的独特解决方案。
>
> Oasis 网络的显著特征之一是其隐私至上的方法。该网络采用

多项先进技术来确保数据机密性和用户匿名性。为实现这一目标，它利用安全飞地，这些飞地是受信任的硬件组件，可将敏感数据和计算与系统的其余部分隔离开来。这允许用户在不暴露底层信息的情况下对加密数据进行计算，从而保护个人隐私并降低数据泄露的风险。

Oasis Network 还引入了"机密智能合约"的概念，使用户能够安全地执行智能合约，同时保持输入和输出的私密性。通过采用安全多方计算和零知识证明等技术，Oasis 网络确保敏感信息在合同执行期间保持机密。这为隐私敏感的应用程序开辟了广泛的可能性，例如，医疗保健、金融和去中心化金融领域，其中数据机密性至关重要。

可扩展性是 Oasis Network 的另一个关键方面。为了应对可扩展性的挑战，该网络采用了一种称为"ParaTime"的独特架构，它允许并行执行智能合约。这种架构使 Oasis Network 能够同时处理多个事务，显著提高吞吐量和性能。此外，该网络采用分片技术来跨多个节点划分数据和计算，进一步增强可扩展性而不损害安全性或隐私。

Oasis Network 的另一个显著特点是它强调治理和社区驱动的决策制定。该网络采用去中心化治理模式，利益相关者可以参与决策过程并塑造平台的未来。这确保了 Oasis Network 以民主和包容的方式发展，社区的集体智慧指导其发展和方向。

第二章
Web3.0 基础设施

Oasis Network 于 2022 年 1 月 12 日推出了生态系统中的第一个去中心化交易所 Yuzuswap。此外，Oasis Network 还成立了 2 亿美元的生态系统发展基金，得到了 Binance Labs、Dragonfly Capital、Pantera Capital 等机构的支持。

（三）隐私应用

隐私应用是指为 Web3.0 用户或 Web3.0 应用提供各类隐私保护服务的应用。

Tornado Cash 是当前最流行的隐私应用之一，有隐私应用需求的 Web3.0 用户多数会选择 Tornado Cash。

1. 代表性项目：Tornado Cash

Tornado Cash 是一个去中心化的、非托管的、以隐私为中心的平台，建立在以太坊区块链上。该平台的主要目标是在使用以太坊网络时为用户提供更高级别的隐私和匿名性。它通过为区块链上交易的可追溯性问题提供解决方案来实现这一目标。

在加密货币世界中，公共区块链上的交易并非完全匿名。区块链上的每一笔交易对任何人都是可见的，并且可以追溯到其来源和目的地。虽然这种透明度是区块链技术的关键特征之一，但对于重视隐私的个人来说，它也可能是一个缺点。

Tornado Cash 通过使用智能合约使用户能够在以太坊网络上

进行私人交易来解决这个问题。该智能合约允许用户将他们的以太币和 ERC-20 代币与其他用户的资金"混合",从而难以追踪交易的原始来源。

要使用 Tornado Cash,用户将他们的代币存入"池"并收到一张"票据"作为回报。此票据作为存款证明,可随时兑换等量代币。当用户准备提取他们的代币时,他们可以匿名进行,而无须透露他们的身份或资金来源。

除了提供隐私外,Tornado Cash 也是非托管的,这意味着用户始终可以控制自己的资金。该平台不存储任何用户数据,所有交易都在链上处理,对于希望在以太坊网络上维护隐私的任何人来说,它都是一个无须信任且安全的解决方案。

总的来说,Tornado Cash 代表了在加密货币世界中寻求隐私和匿名性的重要一步。其混合交易的创新方法使其成为希望在以太坊网络上进行私人交易,同时保持对其资金的完全控制的任何人的有吸引力的选择。

2. 代表性项目:Automata Network

Automata Network 是一个去中心化协议,旨在为 Dapp 提供隐私中间件,该协议已于 2021 年 11 月上线主网。

该协议建立在一个去中心化的节点网络上,这些节点被激励为 Web3.0 应用程序提供基础设施服务。该网络的设计具有高度可扩展性，可以处理大量交易，同时保持高水平的隐私和安全性。

Automata Network 的关键特性之一是它能够为最终用户和开发人员提供隐私。它通过一种称为"Automata VPN"的独特技术实现了这一点。此 VPN 解决方案允许用户连接到 Web3.0 应用程序而无须透露其 IP 地址或位置。这确保了他们的在线活动保持私密和安全，使其成为重视隐私的用户的理想解决方案。

除了以隐私为中心的基础架构外，Automata Network 还提供一系列开发人员工具，使开发人员可以轻松构建安全且以隐私为中心的 Dapp。这些工具包括开发人员 SDK、智能合约模板和一系列其他资源，使开发人员能够快速高效地构建 Dapp。

Automata Network 的另一个关键特性是它的治理系统，它允许利益相关者对与平台的发展和方向相关的关键决策进行投票。这确保该平台保持社区驱动并响应其用户的需求。

Automata Network 于 2022 年 2 月获得 Binance Labs 的战略投资。

（四）隐私币

隐私币是指具有原生隐私性的加密货币，相关交易信息对交易双方之外的人保密，但是不支持智能合约，缺乏可拓展性。

知名隐私币包括 Monero、Zcash、Dash、Beam、Grin 等。

代表性项目：Monero

Monero 是一种去中心化的开源加密货币，于 2014 年面世。与比特币等其他加密货币相比，它旨在为用户提供更多的隐私和匿名性。Monero 基于一种称为 CryptoNote 的技术，该技术使用环签名和隐形地址来隐藏交易细节和用户身份。

与使用称为区块链的公共分类账记录交易的比特币和其他加密货币不同，Monero 使用不透明的分类账。这意味着交易细节，如发件人地址、收件人地址和交易金额，都对公众隐藏。Monero 使用"隐身地址"系统来隐藏交易细节。

除了隐私特性外，Monero 还强调去中心化和社区参与。Monero 网络是完全去中心化的，这意味着没有中央机构或实体控制网络。相反，该网络由全球开发人员和爱好者社区维护，他们以各种方式为该项目做出贡献。

Monero 的一个决定性特征是它对可替代性的关注。可替代性是指一种货币或资产的属性，允许它在没有任何价值损失或差异化的情况下兑换成相同货币或资产的另一个单位。Monero 被设计为完全可替代的，这意味着 Monero 的每个单元都与其他每个单元相等，并且没有办法将 Monero 的特定单元追溯到其以前的所有者或用途。

第七节

DAO：Web3.0 的组织形态

去中心化自治组织（DAO）代表了一个突破性的概念，旨在重新定义传统的治理和协作形式。随着区块链技术的出现，DAO 已成为分散决策、资源分配和社区驱动计划的强大工具。

一、DAO 是什么？

（一）DAO 的定义

DAO 是"decentralized autonomous organization"的简称，即"去中心化自治组织"。这是一种基于区块链和智能合约的全新的组织形态，其组织规则编译成代码被写入智能合约，根据规则自动运行。其运行过程完全公开透明，提案、投票，甚至代码本身在任何时候都可以公开审计；没有权利核心，项目决策是由全体成员通过投票来达成共识。

一般来说，社区成员会就协议的未来运作提出提案，然后聚集在一起对每个提案进行投票。达到预设共识水平的提案随后会被智能合约接受和执行。

在此框架下，大公司常见的内部等级制被平等的社区协作所取代。DAO 的每个成员都在某种程度上监督协议。

这一框架能够实现激励措施的一致性，即实现了协议利益最大化与 DAO 成员个人利益最大化的一致性，所以 DAO 成员在投票时会做出符合利益协议利益最大化的选择。而一个健康、稳健的协议将获得更多的使用，进而增加每个 DAO 成员拥有的代币的价值。因此，随着协议的成功，代币持有者也会成功。

（二）DAO 的发展历程

"去中心化自治组织"一词早在 1990 年代就被创造出来，用来描述物联网（IoT）的多代理系统。今天 DAO 的定义可以追溯到去中心化自治公司（DAC）的概念，它最早出现在早期的加密论坛中，指的是一种使用代币化股份为股东产生收益的治理模型。

2014 年，以太坊创始人维塔利克·布特林在其博客"DAOs, DACs, DAs and More: An Incomplete Terminology Guide"中将 DAO 描绘成"圣杯"，引发热议。根据 DAO 的定义，有人认为比特币是世界上第一个 DAO，但现在这个术语主要是指通过智能合约部署在区块链上的组织。

2016 年 5 月，以太坊社区诞生了今天意义上的第一个 DAO——"The DAO"。The DAO 是一个去中心化的风险投资基金或众筹平台，允许企业家向社区推销他们的商业计划以换取启动资金，投资者可以将 ETH 发送到指定的以太坊地址以获得 DAO 代币。

最终，大约 20 000 名投资者向 The DAO 发送了总计 1 270 万个 ETH（价值约 1.5 亿美元）。然而，就在其推出一个月后，The DAO

第二章
Web3.0 基础设施

遭到黑客攻击，价值 5 000 万美元的 ETH 通过其合约漏洞被盗。这不仅对整个 DAO 造成了巨大打击，而且导致了原始以太坊链的硬分叉，将其分为以太坊经典和今天的以太坊。

攻击发生后，DAO 出现了一段缓慢的增长期。但是 The DAO 的失败让更多的 DAO 开发者意识到设计良好的治理模型和无漏洞代码的重要性，激发了 Aragon（DAO 的多链部署平台）和 MakerDAO（借贷平台和稳定币 DAI 的提供商）等。

DAO 于 2019 年开始复苏。最著名的组织之一是 MolochDAO，该组织与 The DAO 具有相似的功能。它引入了 ERC20 作为 DAO 智能合约的技术标准，激发了一系列新的 DAO 作为其分支的建立，将 DAO 的成长推向了一个小高潮。

今天，DAO 仍处于起步阶段，一个显著的变化是面向社交网络的 DAO 开始引起公众的关注。世界各地的人们为了一个共同的目标聚集在推特或 Discord 等社交平台上：收集数字艺术品、购买美国职业篮球联赛（NBA）球队，甚至拍卖第一部美国宪法为数极少的印刷本。

近年来，由于区块链技术的进步以及对更具包容性和透明度的决策过程的渴望，人们对 DAO 的兴趣和实验激增。去中心化治理平台和工具的开发进一步赋予了个人和社区创建和参与 DAO 的权利，减少了进入壁垒，并营造了一个更加去中心化和公平的环境[①]。

---

① Tron DAO. The History of DAO[EB/OL]. [2023-09-20]. https://dev.trondao.org/blog/2022/09/14/the-history-of-dao/

二、DAO 的运行机制

很多去中心化社区都拥有自己的 DAO，而不同 DAO 的运行方式也会有所区别，下文描述的 DAO 只是其中一种：

（一）编写智能合约

智能合约是部署在区块链上的计算机程序，用来自动执行各种命令。智能合约具有公开透明性，每一行代码都可以被看到。

（二）募资

一个组织的运行需要资金启动与维持，不过 DAO 的出资人不会得到传统的股份公司的股份，而是得到 DAO 的通证（Token），通证代表了 DAO 的治理权利以及所有相关利益，持有 DAO 的通证就可以获得 DAO 的提案权、投票权、收益权及 DAO 所提供的服务或产品的使用权。

（三）提案与投票

一旦 DAO 的智能合约上线，DAO 的所有决策都只能通过社区共识来形成，并由智能合约自动执行，其运行不再受发起人控制。任何人只要持有 DAO 通证就可以发起提案，并参与投票。若投票结果符合已写入智能合约的投票规则，智能合约就会认定投票通过形成决策，相应的提案就会被自动执行。

（四）通证的流通

非上市公司的股权进行转让时，需要提交相关文件并经过复杂的流程才能完成，而通证的流通转让则非常便利，可以瞬间完成。

图 2.1 就展示了一个典型的 DAO 的运行方式。

图 2.1　DAO 的运行方式

三、DAO 的分类及代表性项目

（一）投资类 DAO

投资类 DAO 将成员的零散资金聚集起来形成规模，再通过集体决策投资于优质加密项目，以实现投资收益最大化，投资收益按照资金比例进行分配。与传统加密基金相比，投资类 DAO 的门槛相对不高，而且更为公平透明。

与传统加密基金相比，投资 DAO 还有相当大的发展空间。根据 Dove Metrics 数据，2021 年传统加密基金的平均投资规模为 2 050 万美元，而投资类 DAO 平均投资规模仅为 620 万美元。

BitDAO 是投资类 DAO 的代表。BitDAO 是由衍生品交易所 Bybit 于 2021 年发起的投资类 DAO，旨在支持去中心化经济体的建设者。BitDAO 的所有决策都由 $BIT 代币持有者投票决定，并通过现金资助、代币互换与协议升级的方式执行提案，并获得相应的回报，这部分回报与 Bybit 每月期货合约交易量的 0.025% 的定期捐赠共同组成 BitDAO 社区金库的增长方式。

（二）协议类 DAO

协议类 DAO 是管理去中心化协议的组织。协议类 DAO 将治理权从核心团队转移到社区手中，并发行了代表治理权的治理代币。持币用户拥有协议的集体治理权，可以提出改进协议的提案，也就是对提案进行投票，决定协议的发展方向。

协议类 DAO 在 Token 机制上拥有更大的创新空间，比如 MakerDAO 发行了稳定币 DAI 和治理代币 MKR，并采用了链外提案和二次方投票决策；Uniswap 开创了 AMM 的交易机制并发行了治理代币 UNI 等。

MakerDAO 是协议类 DAO 的代表。Maker 协议成立于 2014 年，是首个获得大规模采用的 DeFi 应用，其核心产品是去中心化稳定币 DAI。MakerDAO 是由其治理代币 MKR 的持有人组成的去中心化社区，致力于实现 Maker 协议的去中心化治理。流通中的稳定币 DAI 都有超额抵押的资产背书，抵押资产最初只限于 ETH，后来拓宽至任何基于以太坊的资产，而且根据不同资产的波动性采用了有区别的最低抵押率。

（三）服务类 DAO

服务类 DAO 可以看作是突破了地域限制的中介机构，能够汇聚全球人才和资源来构建产品和提供服务。其运行流程通常是客户提交付费需求给服务类 DAO，然后 DAO 去整合内部资源人才或者搜寻外部资源人才为客户按需完成任务，任务成功后相关贡献者就可以获得报酬，部分费用流入服务类 DAO 的财库。

Raid Guild 是服务类 DAO 的代表。Raid Guild 是服务型 DAO 的先驱，其团队来自 Meta Cartel 网络，一个由开发者和运营机构合作搭建去中心化应用的生态系统，该生态系统中包括了 9 000 多名综合经验丰富的多元化人才。Raid Guild 致力于设计和开发 Web3.0 生态系统，提供咨询、设计、全栈开发和营销等多样化服务，已经为客户和自身构建了数十个应用程序，包括 DAO、DeFi、Dapp 等各类项目。Raid Guild 发行了代币 RAID，客户提交需求时需要存入 500RAID 代币作为订金，再通过 RAID 出价。

（四）社交类 DAO

社交类 DAO 指的是一群具有共同爱好或目标的成员聚集在一起，通过在社区中形成新的社交联系并为实现特定目标一致谋划行动而获得价值。社交类 DAO 可以被看作是 DAO 形态的私域社交网络。社交 DAO 通常都具有自己独有的进入标准（类似私域网络准入门槛），例如，拥有特定 NFT（如 BAYC）或持有一定量的特定代币（如 FWB）。

Friends With Benefits（FWB）是社交类 DAO 的代表。FWB 是一个由艺术家和加密从业者等共同组成的 DAO，致力于推动 Web3.0 的未来发展。加入 FWB 需要持有不少于 75 个 $FWB 代币并提交申请，$FWB 的引入使得 DAO 成员有动力创建一个有价值的社区。自 2020 年 9 月成立以来，FWB 已发展到近 2 000 名成员，除了在世界各地举办一系列派对外，还推出了 NFTGallery、token-gated events、虚拟音乐工作室等产品。

（五）收藏类 DAO

收藏类 DAO 是通过汇集小额资金来共同买入、持有大额资产的一种 DAO，买入的资产以 NFT 为主，DAO 成员通过投票决定购买收藏品并共享利润，这一类 DAO 本质上是众筹买入收藏品。

PleasrDAO 和 ConstitutionDAO 是收藏类 DAO 的代表。

PleasrDAO 由 DeFi KOL、NFT 收藏家及数字艺术家组成，通常以慈善方式买入有文化意义的藏品。PleasrDAO 以 PEEPS Token 形式分配其所有权，所有成员都能够参与对 DAO 的治理，PEEPS 持有人共享 DAO 持有的 NFT 的所有权。

ConstitutionDAO 成立于 2021 年 11 月，是由一些加密爱好者发起的社区组织，致力于以 DAO 的形式募集资金以在苏富比拍卖中购买最后一部私人拥有的美国宪法第一版印刷本，也是当前仅存的 13 份美国宪法副本之一。该 DAO 短时间内吸引了超 17 000 名捐赠者，募资约 4 700 万美元。拍卖失败后，该 ConstitutionDAO 宣布按此前承诺向社区进行全额退款。

（六）媒体类 DAO

媒体类的 DAO 致力于重新定义内容创作者、消费者和媒体之间的互动方式。相较于传统的 Web2.0 广告收入模型，这些 DAO 用代币激励内容的生产者和消费者，例如，广告主可以购买代币并将广告发送给消费者，消费者通过观看广告获得代币。这种方式可以通过出售注意力来获得收入。Web2.0 时代在上下游分配方面的不公平是被指责最多的问题之一，而媒体类 DAO 可以打破这种不平等状态。

Bankless DAO 是媒体类 DAO 的代表之一。它于 2021 年 5 月 4 日启动，前身是 Bankless，是一个追踪加密行业动态、预测加密行业趋势并发表众多优秀文章的媒体平台。该 DAO 使用 BANK 代币作

Web3.0
构建数字经济新未来

为参与和协调活动的方式，并通过 13 个公会（包括写作、财务、翻译和研究等）建立社区，对外投资，赚取收入并激励成员。BANK 代币的创世总量为 10 亿个，其中 30% 分配给之前支持 Bankless 的人，30% 分配给社区金库，其余 40% 将在三年内线性释放并分配给社区金库。2021 年 5 月 4 日，社区通过一项提案修改了代币分配计划，将原来社区金库分配额的 25% 分给了 Bankless LLC（Bankless 的实体公司，拥有 Bankless HQ 品牌）作为期权。此外，BANK 代币也是社区会员等级和享有权利的划分标准，根据持币数量和贡献程度分为四个等级：L1-L4。BANK 代币的所有权附带社区治理权、Bankless DAO Discord 频道访问权以及一些其他服务的抢先体验权利等。

第八节
Web3.0 域名

一、Web3.0 域名是什么？

域名的概念，诞生于早期互联网。当时用户访问网站要输入完整的 IP 地址，而 IP 地址又长又难记，不具有可读性，对用户非常不友好。

第二章
Web3.0 基础设施

美国计算机科学家保罗·莫卡佩特里斯（Paul Mockapetris）在 1983 年开发了域名系统（DNS）以解决这个问题。DNS 能够将不具有可读性的 IP 地址封装为具有良好可读性的域名，即网页地址。例如，将百度的 IP 地址 202.108.22.5 封装为其域名 www.baidu.com，用户只需输入 www.baidu.com 就能访问百度。

顾名思义，Web3.0 域名是应用于 Web3.0 网络的域名，是对区块链地址的封装，比如 vitalik.eth 就是对以太坊地址（0xd8da6bf26964af9d7eed9e03e53415d37aa96045）的封装。以太坊的 ENS（Ethereum Name Service）是 Web3.0 域名领域最有代表性的项目。

Web3.0 用户通常都会有至少一个链上地址，但是链上地址的可读性很差，基本不可能记住。而类似于 vitalik.eth 这样的 Web3.0 域名，显然比链上地址更具有可读性和可记忆性，也更能满足用户日常的链上使用需求。

有了 Web3.0 域名系统后，用户可以购买并管理自己的域名，这意味着无须处理复杂的链上地址就可以进行安全的去中心化交易。它还降低了发送资金时输错收款人地址的可能性。比如，当你需要让别人给你转账时，如果没有域名，你需要先找到自己的链上地址，再发给你的朋友；而如果你持有一个域名，比如 vincent.eth，你就能直接告诉他往这个域名转账。

Web3.0 域名以 NFT 形式存在，可以通过 NFT 市场交易，在 NFT 市场交易量整体低迷的情况下，ENS、SPACE ID 等 Web3.0 域名的交易量保持增长，交易量名列前茅。

Web3.0
构建数字经济新未来

二、Web3.0 域名 vs 传统域名

Web3.0 域名与传统域名虽然具有一定的相似性，但是在映射对象、载体、方式以及生态等方面存在本质区别。

（一）对象不同：服务器地址 vs 钱包地址

从映射对象来看，传统域名中的 DNS 映射的是服务器，而 Web3.0 域名映射的是钱包地址。用户通过 Web3.0 域名实现了对区块链地址的映射，便利了用户转账等操作。钱包地址的背后可以是个体用户，也可以是组织。

（二）方式不同：中心化 vs 去中心化

Web2.0 域名是完全中心化的，在二手交易时要想证明所有权只有通过域名注册商网站中的信息记录，而这种中心化服务器容易遭受黑客入侵而损失数据。此外，其域名也不是真正由用户控制，监管部门和注册商都能够很容易地取消用户的使用权。Web3.0 域名用去中心化的方式在区块链上进行域名记录和解析，任何用户或者 Web3.0 应用都能轻松查询和交互。

（三）载体不同：权威记账 vs NFT

Web3.0 域名作为 NFT，相对于传统域名天然具有交易优势。首

先，区块链的公开、透明、可追溯等特性确保了交易的安全性；其次，手续简便，交易双方可直接使用 Web3.0 钱包连接 NFT 交易平台进行点对点交易，选择心仪的域名下单即可；最后，佣金较低，其交易手续费通常在 0.5%~2.5%。

相比之下，传统域名的二级交易流程较为烦琐，安全性较低，而交易费用较高。传统域名市场缺乏标准化的流动性基础设施，通常需要中介撮合，并需要支付不菲的交易佣金，以头部二手域名交易平台 Godaddy 为例，其域名交易需要支付 20% 左右的平台佣金。此外，还存在一定的违约风险，跨地区交易存在维权难的问题。

（四）生态不同：许可型 vs 开放型

传统域名生态中，负责域名解析的是中心化机构 ICANN，只有获得 ICANN 的许可后才能参与，准入门槛较高。而 Web3.0 域名生态是完全开放的，任何人都能参与建设。在 Web3.0 域名中，基于智能合约的域名记录和解析允许所有人参与生态建设，比如搭建自己的域名交易网站、域名查询服务等。这种开放性也是 Web3.0 的核心精神。

三、Web3.0 域名的功能

Web3.0 域名主要有四大功能：用户信息聚合（地址、用户账号等）、用户数据聚合，支持 Dapp 的域名访问，社交账户昵称。

Web3.0
构建数字经济新未来

（一）用户信息聚合

Web3.0 域名可绑定用户的邮箱、钱包地址、NFT 交易平台账户等信息，用户能直接使用其域名接收、发送 FT 与 NFT。

例如，ENS 用户可直接输入域名来管理资产，而不必使用不方便的钱包地址，目前 Etherscan 支持用户搜索 ENS 域名对应的钱包地址和域名到期时间。

（二）用户数据聚合

Web3.0 域名可作为用户的 Web3.0 身份名片与信息数据存储工具。

例如，域名 .bit 支持其用户创建去中心化的个人网站，其网站中可展示社交账号、钱包地址、Dapp、DNS、创作内容等信息，所有数据存储都通过 IPFS 实现。

（三）支持 Dapp 的域名访问

Web3.0 域名服务商可以与 DeFi、加密钱包、NFT 等各种类型的 Dapp 集成，用户可以用域名直接访问这些 Dapp。

例如，ENS 已集成了超过 500 个链上应用，包括加密钱包、DeFi、NFT、DAO 工具、SocialFi 等；而 .bit 生态已经集成了 107 项应用，类别包括 DID、NFT 市场、钱包、数据平台、DeFi、SocialFi 应用等。

域名生态具有较好的可扩展性，生态支持的应用类型全面，有单链和多链应用，有 Layer1 和 Layer2 应用，用户使用域名即可充分体验 Web3.0 生态，域名的数据存储功能为用户在不同应用间切换提供便利。

（四）社交账户昵称

Web3.0 域名持有者可以将其作为 Web2.0 应用（推特、脸书等）的社交账户昵称，在 Web3.0 和 Web2.0 社交中拥有统一的身份名片。

例如，以太坊联合创始人维塔利克·布特林（Vitalik Buterin）将 vitalik.eth 作为其推特账户昵称。

上文提到，Web3.0 域名聚合钱包地址、邮箱、NFT 等信息，将 Web3.0 域名作为社交账户昵称有三方面好处：精简、亮明 Web3.0 身份、提供其他用户深入了解用户的渠道。

四、Web3.0 域名分类及代表性项目

当前的域名类项目有数十个，其中大多数项目的链上实现方式参考了 ENS 或者直接是 ENS 在其他 Layer1 公链上的复制品。

当前的域名项目划分为以下三类：单链域名、多链域名、DNS 替代类域名。

（一）单链域名

单链域名又可细分为公链域名、Web3.0 域名注册商、社交类域名

应用。

1. 公链域名

公链域名是一种以公链的简称为后缀的域名（例如，.eth、.near），通常都获得了公链的支持。这类项目除了应用在不同公链外，其技术方案、应用场景都差别不大。

ENS 是公链域名的代表，ENS 于 2019 年 5 月正式上线，2021 年 11 月，ENS 进行了空投和发币活动。截至 2023 年 4 月末，ENS 已经注册了超过 300 万个域名，有超过 60 万注册用户以及 500 多个生态合作项目。

ENS 正在与 Spruce ID 合作推进"使用以太坊登录"（EIP-4361）这一新型登录方式，希望通过它实现身份数据的联通。

2. Web3.0 域名注册商

在 Web3.0 领域，域名注册商通常会提供多种与 Web3.0 相关的域名后缀，其中代表性的公司是 Unstoppable Domains。Unstoppable Domains 支持注册 9 种不同类型的域名[①]，不同于与其他域名项目的年度缴费机制，Unstoppable Domains 只需要注册缴费后就可以永久使用。

Unstoppable Domains 的注册流程并没有像 ENS 那样完全上链，而是结合了链下的域名注册与链上的域名铸造。

---

① 这 9 类域名包括 .crypto/.nft/.x/.wallet/.bitcoin/.dao/.888/.zil/.blockchain。

第二章
Web3.0 基础设施

在发展方向上，Unstoppable Domains 重视提升 Web2.0 用户的使用体验，致力于与 Web2.0 平台实现互通。此外，Unstoppable Domains 还推出了"Login with Unstoppable"功能，该功能可以与"Metamask"等钱包登录方式并行，用户可以在与 yearn.finance 等合作项目中使用此功能进行登录。

目前，Unstoppable Domains 注册的域名数已超过 270 万，已有 500 多个应用整合了 Unstoppable Domains。

3. 社交类域名应用

虽然这类项目在域名技术方面可能没有太多创新，但它们的主要目标是将域名与社交应用紧密结合起来。Linkkey 是这个领域的代表之一。

Linkkey 是一个 Web3.0 社交网络项目，旨在将域名与社交应用相结合，打造 Web3.0 空间的"价值社交网络"。该项目旨在让用户发行代表其社会价值的 NFT，并通过这些 NFT 的市场价格来确定其在网络中的社会价值。这种方法基于这样的想法，即每个用户最多只能与 150 人保持深度社交联系，并且可以使用他们 NFT 的市场价格来确定他们的联系强度。

Linkkey 的独特之处之一是它专注于将域名与社交应用相结合。这允许用户创建与其域名相关联的独特身份和社会价值。此外，用户在平台上发行的 NFT 可以作为一种可以在市场上交易的社交货币。这创建了一个系统，可以激励用户建立强大的社交关系并随着时间的推移保持

131

他们的社会价值。

Linkkey 由区块链和社交媒体专家团队于 2021 年创立。该项目获得了多家领先的区块链投资者的资助，并得到了众多知名加密货币影响者的支持。

Linkkey 的代币经济学模型旨在激励用户参与和社会参与。该平台有自己的原生代币 LKY 代币，用作网络内所有交易的主要货币。LKY 代币可用于购买和注册域名、创建 NFT 以及访问平台内的高级功能。

Linkkey 具有多项创新的代币经济学功能，包括基于域名受欢迎程度和需求的动态定价模型。域名越有价值，购买和注册的费用就越高。这为域名创造了一个竞争激烈的市场，并激励用户创建有价值和流行的社交网络。

除了动态定价模型，Linkkey 还为其 LKY 代币提供了独特的质押机制。用户可以抵押他们的 LKY 代币，以域名注册和平台内高级功能的形式获得奖励。这会激励用户长期参与并为用户创建更稳定的生态系统。

（二）多链域名

多链域名是指基于区块链技术，将多个不同的区块链网络上的资产和信息进行跨链互联的域名协议和服务。其主要目的是为用户提供更方便、高效、去中心化的资产和信息管理方式。多链域名项目非常

第二章
Web3.0 基础设施

强调"Web3.0 身份名片""Web3.0 身份管理"这一性质，但在如何具体实现"多链支持"这一问题上，不同的项目给出了不同的技术方案。SPACE ID 是多链域名项目中的代表性项目。

SPACE ID 是一个去中心化域名协议，基于 BNB 链和 Arbitrum One 链，旨在实现跨区块链的人员、信息、资产和应用程序的无缝连接，并为用户提供一站式的 Web3.0 域名和身份解决方案。用户可以通过该协议绑定自己多个链的身份，并且社区可以通过 SPACE ID 的网络构建自己的域名服务。目前，已有上百个应用宣布支持整合了的 SPACE ID 协议。

在 2022 年 4 月，SPACE ID 启动了 .bnb 域名的预注册申请和公开注册。在此期间，SPACE ID 社区的早期和活跃成员、社区贡献者、合作伙伴等获得了优先申请 .bnb 域名的机会。SPACE ID 还推出了基于 IPFS 的 bnb.me，该服务为用户提供了一种访问托管在去中心化网络上的网站的方式，并搭建了一个简单易用的网站构建器，用户可以在不到一分钟的时间内上线一个去中心化网站。

根据区块浏览器数据显示，截至 2023 年 3 月中旬，SPACE ID 的 .bnb 域名注册数为 454 200 个，独立持有地址为 263 747 个。同时，它与 ARB ID 团队联手推出的 SPACE ID .arb 域名服务也已于 2023 年 2 月上线，一个月内注册数量为 96 964 个，独立持有地址为 72 503 个。

SPACE ID 的治理代币为 ID，其总供应量为 20 亿枚。该代币在在 SPACE ID 项目的决策过程中扮演着关键角色，让用户有权参与

SPACE ID 的发展方向和未来的决策。作为 SPACE ID 生态系统增长和可持续性的重要组成部分，ID 代币激励用户参与该项目并为其成功做出贡献。

具体而言，ID 代币有以下功能：

质押：用户可以质押 ID 代币，以获得 SPACE ID 域名 NFT 市场交易费用的折扣以及 SPACE ID 域名注册的折扣。

支付：ID 代币可用作 SPACE ID 生态系统和 Web3.0 名称 SDK 集成中的支付方式。

治理：ID 代币持有者可以参与 SPACE ID DAO 的提案并对其进行投票，以实现去中心化的治理。通过这种方式，用户可以为 SPACE ID 的未来发展提供宝贵的意见和建议。

（三）DNS 替代类域名

Web2.0 的 ICANN 域名管理机制因其中心化而受到批评，这导致了一些去中心化信仰者的不满，因此一些人开始探索去中心化网站域名解析的实现，其中两个代表性项目是 Handshake 和 Namecoin。它们的主要愿景是作为 Web2.0 DNS 系统的补充和替代，但它们的理念、发展方向和大多数 Web3.0 域名的差异很大，因此没有引起过多的市场关注。

Web3.0 应用生态

第三章 | CHAPTER 3

第一节
DeFi：Web3.0 金融基础设施

一、DeFi 是什么？

（一）DeFi 的概念

DeFi 是 Decentralized Finance 的缩写，即去中心化金融，是指基于区块链技术的开放、透明和无须许可的金融系统。DeFi 生态系统建立在区块链协议、应用程序和服务的去中心化网络上，这些网络在没有银行、金融机构或中央机构等中介机构的情况下运行。

DeFi 旨在创建一个更具包容性的金融体系，无论其地理位置、经济状况或金融背景如何，每个人都可以使用。它提供广泛的金融产品和服务，包括借贷、交易、资产管理和保险等。这些服务是通过在以太坊、币安智能链（BSC）[1]和 Polkadot 等区块链网络上运行的去中心化

---

[1] BSC：币安智能链。2022 年 2 月 15 日，更名为 BNB Chain。币安（Binance）为区块链交易平台之一。——编者注

协议和应用提供的。

DeFi 近年来发展势头强劲，一直是 Web3.0 的核心赛道之一。2022 年年初 DeFi 协议的总锁仓价值（TVL）一度超过 1 000 亿美元；截至 2023 年 4 月下旬，在熊市情况下，DeFi 协议的 TVL 也超过了 480 亿美元。这种快速增长的推动因素是对去中心化金融服务需求的不断增加，新的 DeFi 协议和产品的出现，以及越来越多地采用加密货币作为主流资产类别。

DeFi 的主要优势之一是它使用户能够保留对其资产和资金的控制权。与银行和金融机构控制客户资金和资产的传统金融不同，DeFi 允许用户始终保持对其资产的所有权和控制权，这要归功于非托管钱包和智能合约的使用。

与任何新技术一样，DeFi 并非没有风险和挑战。DeFi 的去中心化性质意味着它容易受到黑客攻击和利用，而且通常缺乏监管。此外，DeFi 协议的复杂性和使用它们所需的高水平技术知识可能成为某些用户的进入障碍。

随着生态系统不断发展和成熟，我们很可能会看到新的 DeFi 产品和服务的出现以及 DeFi 与传统金融的融合。

（二）DeFi vs CeFi

去中心化金融（DeFi）与传统金融（CeFi）存在诸多区别。底层基础设施的区别使得 DeFi 和 CeFi 在资产托管、交易执行、计价单位、治理机制等许多方面存在差异，主要表现为如下三点。

运行透明性： 出于稳定性、合规性、数据安全性等原因，CeFi 的核心信息系统通常搭载在基于 IOE（即 IBM、Oracle、EMC）的信息系统之上，具有中心化、专用、封闭的特点；而 DeFi 基于开源区块链构建，允许任何用户在任何时间对金融资产状态与产品运行规则进行检查，因而运行机制较为透明。

资产控制权： DeFi 用基于非对称加密技术的公钥私钥体系替代了 CeFi 中广泛使用的身份验证机制，只要拥有私钥就有了对加密资产的绝对控制权，任何个体或机构都无权在未经用户同意的情况下审查、移动或销毁用户资产，这点显著区别于传统金融。

用户参与权： 在 CeFi 生态中，任何联网的人都可以自由地浏览、交互或部署 DeFi 应用，而 CeFi 的服务往往有严格的准入机制和 KYC[①] 流程，普通用户至多只有参与权而不可能有创造权。

（三）DeFi 的优势

DeFi 通过区块链的公开透明、不可篡改、可追溯等核心特性来提高金融透明度和安全性，进而极大地释放了市场流动性，打开了增长空间，为整个 Web3.0 建立了强大的金融基础设施。

---

① KYC：Know Your Customer，即充分了解你的客户，对账户持有人的强化审查，了解资金收入合法性。——编者注

可编程性： 自动执行的智能合约具有高度的可编程性，支持构建新的金融应用和发行新的数字资产。

可组合性： 区块链的技术堆栈及开源性使得 DeFi 协议或应用可以相互集成和互补，具有极强的可组合性。开发者可以在现有协议的基础上灵活地构建新的应用或集成第三方应用，所以 DeFi 协议经常被称为"金融乐高积木"。

透明度： 公链上的每笔交易都会广播给所有节点并由其验证。这赋予了 DeFi 交易数据极高的透明度，不仅交易数据对任何用户都是可用的，还可以进行多样化的数据分析。此外，公链以及运行在上面的 DeFi 协议的代码都是开源的，所有人都可以查看、审核和构建。

免许可： 与需要许可和 KYC 的 CeFi 不同，DeFi 是开放的、免许可的，只要能联网并拥有加密钱包，任何人在任何地方，都可以访问 DeFi 应用。

非托管： CeFi 的所有业务都是基于资产托管的，而 DeFi 用户通过 Metamask 这类 Web3.0 钱包控制其加密资产与 DeFi 或协议进行交互，而不需要进行托管。

二、DeFi 与 Web3.0

（一）DeFi 是 Web3.0 目前的主要应用场景

信用是金融的核心与本质，CeFi 的交易信用在很多情况下都依靠以银行、投行等金融机构为代表的第三方中介机构，这导致了其信用成本过于高昂。而区块链所具有的去中心化、公开透明、不可篡改、可追溯的特性能够大大降低信任成本，从而使传统金融中由于信任成本问题而无法落地的许多业务场景有了新的可能性，所以金融成为区块链及Web3.0的首要应用场景。

以太坊的出现为DeFi生态的发展提供了最重要的底层基础设施，它是首个提供了智能合约功能的公链。2017年的牛市尾声阶段，DeFi生态开始萌芽；2019熊市期间，DeFi生态在蓄力并酝酿动力；2020年的DeFi之夏，DeFi生态出现了爆发式发展，成为2020年加密行业牛市的主要推动力。

DeFi生态最早在以太坊上发展和繁荣起来，而以太坊的性能局限性以及过高的使用成本导致DeFi用户和应用外溢到其他公链，BSC、Solana、Avalanche、Polygon等智能合约平台上的DeFi生态也逐渐繁荣起来。根据DeFillama统计数据，目前各智能合约平台上有2 000多个DeFi协议。DeFi生态的TVL一度高达1 800多亿美元，目前经过熊市的TVL暴跌后也保持在400多亿美元。

（二）DeFi是Web3.0的金融基础设施

Web应用需要项目代币来激励各参与方，从而实现去中心化运营。作为价值互联网的Web3.0，其用户也会持有各类NFT原生资产，这些项目代币以及Web3.0原生资产需要去中心化发行平台为其提供发行渠道，需要去中心化交易平台为其提供交易流动性，需要去中心化借贷平台为其提供杠杆流动性，需要去中心化衍生品平台为其提供风险对冲工具等。

由此可见，DeFi 为 Web3.0 生态的长期发展提供了必要的金融基础设施。

三、DeFi 生态的主要赛道与典型应用

（一）DEX

DEX 的全称是 Decentralized Exchange，即去中心化交易所。DEX 是为 DeFi 用户提供加密资产交易市场的去中心化交易平台。

DEX 与币安、Coinbase 等中心化的加密资产交易所（CEX）的区别，主要体现在技术和治理两方面：从技术上来看，DEX 是一个基于区块链的去中心化应用，通过智能合约实现了资产管理及交易两个功能模块；从治理上来看，DEX 通常采用 DAO 的方式来治理，具有开放性、社区驱动、权利和义务高度分散的特点。

1. DEX 的优点

*去中心化：*传统的中心化交易所由单一实体拥有和控制，这可能会导致审查、黑客攻击和安全漏洞等问题。另外，去中心化交易所建立在区块链技术之上，这使它们能够在没有中央权威的情况下以去中心化的

方式运作。

*安全性：*去中心化交易所被认为比中心化交易所更安全，因为它们不持有用户的资金。相反，交易是使用智能合约执行的，智能合约是自动执行的，一旦部署就无法更改。

*透明度：*DEX 是透明的，因为所有交易都记录在公共区块链上，任何人都可以审计和验证交易。

*隐私：*去中心化交易所允许用户维护他们的隐私，因为他们不需要与中央机构共享个人信息。

*可访问性：*任何有互联网连接的人都可以访问 DEX，无论他们身在何处或背景如何。这使它们对于无法使用传统银行服务或生活在金融法规严格的国家或地区的人们特别有用。

2. DEX 分类

DEX 主要可以分为两类，一类是基于订单簿的 DEX，另一类是基于自动化做市商（AMM）的 DEX。

订单簿是特定资产不同价格级别的买入和卖出订单列表。基于订单簿的 DEX 有 dYdX、Deversifi 和 Loopring 等。与 CEX 类似，用户可以按自己选择的限价或市价下单买入和卖出。主要区别在于，在 CEX 中，交易的资产存放在交易所的钱包中，而在 DEX 中，交易的资产存放在用户的钱包中。

DEX 的订单簿可以是链上或链下的。基于链上订单簿的 DEX 将所有订单记录在区块链上。由于高昂的 Gas 费用，这在以太坊上已不再可行。尽管如此，这仍然可以在以太坊第二层解决方案（如 xDai）或高吞吐量的 Layer1 区块链（如 Solana）上完成。

基于链下订单簿的 DEX 将交易订单记录在区块链之外。交易订单保持链下，直到它们匹配，此时交易将在链上执行。虽然这种方法具有较低的延迟，但有人可能会认为使用这种方法的 DEX 被视为是半去中心化的。

AMM 是一种去中心化交易协议，可以为不同的加密货币创建流动性池（Liquidity Pools）。流动性池是持有两个或更多的代币的储备池，这些代币保存在 DEX 的智能合约中，可供用户随时交易。流动性池会根据算法对代币自动定价，该算法通常旨在平衡池中资产的供需，确保市场保持稳定和流动性，最常用的算法是 $x·y=K$。通过使用 AMM，用户可以交易加密货币，而无须传统的基于订单簿的交易所，这通常需要中央机构来监督交易。

AMM 的主要优点：首先是具有无限流动性。无论订单大小或流动性池有多小，它都可以提供流动性。虽然较大的订单往往会出现过度滑点，但系统永远不必担心其流动性不足。其次是开放性，任何人都可以充当 AMM 的流动性提供者（LP），LP 只需将加密货币存入相应的流动性池，作为回报，LP 将获得该流动性池的一部分交易佣金收入。

AMM 的主要缺点：首先是容易出现滑点。滑点是交易的预期价格与交易执行价格之间的差异，流动性池越小、订单越大，滑点就会越大。解决这个问题的最简单方法之一是拥有更大的储备。其次是所谓的

无常损失（Impermanent Loss），无偿损失的产生源自 AMM 的恒定乘积算法，只要参与类似算法，无偿损失就难以避免。

AMM 是 DeFi 领域最具创新性的发明，它实现了全天候提供服务的市场交易，更高的资本可及性和效率。基于 AMM 的 DEX 是 2020 年 DeFi 之夏的主要推动力。

3. 代表性 DEX：Uniswap

Uniswap 是 DEX 领域的领导者，也是最早提出 AMM 机制的 DEX 之一。Uniswap 诞生于 2018 年 11 月，当时推出了其第一个版本 Uniswap v1，成了最早采用 AMM 机制的 DEX 之一，同时也普及了恒定乘积做市商公式。

随着时间的推移，Uniswap 于 2020 年 5 月升级了其智能合约，发布了 Uniswap v2 版本，扩大了交易对的范围，支持了任何 ERC-20 代币，并且增加了价格预言机的功能。

在 2021 年 5 月 5 日，Uniswap 发布了最新的迭代版本——Uniswap v3。在这个最新的版本中，Uniswap 引入了两个主要的新功能。

集中的流动性资金：通过 Uniswap v3，流动性提供者（LP）可以控制他们想要提供流动性的价格范围。例如，ETH、DAI 的流动性池的 LP 可以选择将其 30% 的资金分配到价格范围为 2 000~3 000 美元的区间，其余 70% 分配到价格范围为 1 500~1 700 美元的区间。Uniswap v3 的新流动性积极管理策略为 LP 带来了更高

的资本效率。这方面的一个副产品是，LP 将获得非可替代代币（NFT），而不是代表其 LP 头寸的可替代 ERC-20 代币。然而，持有 NFT 仓位可能会损失自动复利和协议间引用的效率。

多种类型的费用等级选择： Uniswap v3 提供了三种不同的资金池费用类型，让流动性提供商可以按需选择：0.05%、0.30%、1.00%。例如，USDC[①]/DAI 交易对的价格波动性较低，可能需要支付较低的 0.05% 交易费。而 ETH/DAI 交易对的价格波动较大，应该收取 0.30% 的交易费。同时，1.00% 的交易费可能更适合于更多的长尾或稀有交易对。

（二）DeFi 保险

DeFi 保险是 DeFi 生态中的一个新兴板块，旨在利用区块链技术和智能合约为 DeFi 领域的参与者提供保险和保护。

虽然 DeFi 协议具有高可访问性、高透明度和高效率等优势，但是也带来了新的风险。DeFi 平台容易受到智能合约错误、黑客攻击和其他可能导致财务损失的漏洞的影响。这就是 DeFi 保险发挥作用的地方。

DeFi 保险协议通过覆盖潜在风险和漏洞，为 DeFi 生态系统的参与者提供安全网。这些协议允许用户使用加密货币等数字资产购买保险。保险政策通过智能合约实施，智能合约根据预定义的条件和参数自动执

---

① USDC：美国金融科技公司 Circle 发行的稳定币 USD Coin。——编者注

行和结算理赔。

1. DeFi 保险的优势

DeFi 保险的关键优势在于其分散性。与依赖中心化中介机构的传统保险模式不同，DeFi 保险在区块链网络上运作，保单和理赔在其中以透明和自主的方式进行管理。这消除了对单方信任的需要，并使保单持有人能够直接与保险协议进行交互。

DeFi 保险协议采用不同的机制来评估风险、确定保费和管理理赔。他们经常使用预言机，这是向智能合约提供外部信息的可信数据源。预言机在验证现实世界事件（例如，黑客攻击或损失的发生）以触发保险索赔方面发挥着关键作用。

此外，一些 DeFi 保险平台采用共同保险模式，参与者汇集他们的资产以创建共享保险基金。然后，该基金用于向遭受损失的保单持有人支付索赔。这种统筹机制允许分散风险，并确保即使在发生重大损失或大范围事件的情况下也能涵盖索赔。

DeFi 保险协议还包含去中心化治理机制，使生态系统内的代币持有者能够参与决策过程。这包括确定政策参数、设置风险评估模型和管理保险基金。这种民主方式确保社区的利益得到保障，并为保单持有人提供主人翁感和控制感。

尽管有潜在的好处，DeFi 保险仍然是一个不断发展的领域，挑战依然存在。其中包括监管考虑、可靠的数据馈送、定价准确性以及对更复杂的风险评估模型的需求。随着 DeFi 生态系统的不断成熟和发展，

DeFi 保险有望在降低风险、促进信任和确保去中心化金融的长期可持续性方面发挥至关重要的作用。

2. DeFi 保险分类

DeFi 保险应用主要分为互助资金池和金融衍生品两类。互助资金池类似于传统互助保险，通过将个体风险转移给集体来实现风险共担。这一类项目的代表是 Nexus Mutual。

大多数 DeFi 保险协议以金融衍生品的形式提供 DeFi 保险服务，使用金融衍生工具来对冲风险。

3. 代表性项目：Nexus Mutual

Nexus Mutual 基于以太坊的 DeFi 保险协议，目前主要为 DeFi 用户提供社区互助保险服务。Nexus Mutual 由其 KYC 会员管理，也只有其会员才允许投保。

Nexus Mutual 主要提供三种产品：防止收益型代币脱钩的收益型代币保险，防止特定 DeFi 协议被攻击的协议保险以及防止托管在 CEX 的资金无法提款的托管保险。

Nexus Mutual 的运行主要包括三个环节：购买保险、抵押承保、索赔评估。

购买保险

用户需要支付 0.002 ETH 的费用成为 KYC 会员，然后才能在 Nexus Mutual 上购买与 DeFi 协议相关的保险。Nexus Mutual 基本覆盖了主流的 DeFi 协议，DeFi 协议之间的可保金额与保费也有所区别。

抵押承保

Nexus Mutual 采用 Bonding Curve 模型筹集承保资金。承保人用 ETH 购买项目代币 NXM，相应资金会注入资本池，而保险用户所支付的保费的一半也会被注入资本池，承保资金由这两部分资金组成。

与购买保险类似，用户在参与承保之前也需要支付费用成为 KYC 会员。用户参与承保是因为他们可以获得承保利益。在承保时，KYC 会员选择他们认为安全的 DeFi 协议，并抵押一定数量的 NXM 参与该 DeFi 协议的承保，从而获得保费。Nexus Mutual 允许将 NXM 代币同时抵押在 10 个项目中。抵押代币的数量确定了该项目的购买金额。用户可以随时调整其保障范围。如果用户退出抵押，则需要 90 天的锁定期。

一旦抵押的 DeFi 协议被成功理赔，抵押的 NXM 代币将按比例销毁以赔偿保单持有人。

索赔评估

如果某个 DeFi 协议的智能合约暴露风险并造成损失，购买了该协议保险的用户就可以索赔。NXM 持有人通过投票决定是否批准索赔申请，投票需要锁定 NXM，参与投票会获得相应的奖励。而如果选择了和最终结果相反的选项，则其 NXM 代币将会被锁定更长时间。

Nexus Mutual 由其成员和咨询委员会通过其 DAO 管理。顾问委员会由五名成员组成，其中包括公司创始人以及智能合约安全、保险和互助以及法律和监管事务方面的行业专家。任何成员都可以投票进入顾问委员会以更换董事会成员。

KYC 会员可以通过其治理平台提交提案来建议对 Nexus Mutual 进行更改。在提交提案后，顾问委员会将对提案进行验证、给出建议结果，并确定参与投票的成员分享的 NXM 总奖励。投票本身也是通过 NXM 进行的。投票的权重与用户为投票所投入的 NXM 数量成正比。然而，奖励是在投票的成员数量之间分配的，而不是与投票者所持有的代币数量成正比。这种机制有助于确保不依赖于 NXM 持有量的更公平的奖励结构。

（三）衍生品 DEX（Decentralized Exchange）

衍生品 DEX 即去中心化衍生品交易所，是一个让用户能够以去中心化和透明的方式交易各种衍生产品的平台。与严重依赖中介机构和中心化交易所的传统金融市场不同，衍生品 DEX 利用区块链技术和智能合约来促进点对点交易，并为用户提供对其资产的更大控制权。

衍生品 DEX 是其价值来源于股票、债券、商品或加密货币等标的资产的金融合约。它们允许交易者和投资者在不直接拥有这些资产的情况下推测这些资产的价格变动。衍生品提供各种交易策略，包括对冲价格波动、杠杆头寸和管理风险敞口。

衍生品 DEX 复制了传统衍生品市场的功能，但在去中心化平台上运行，例如，以太坊、币安智能链或其他区块链网络。这些交易所使用户能够在不依赖中央机构或中介机构的情况下进行衍生品交易，从而提高透明度、去信任性和抗审查性。

1. 衍生品 DEX 的优点

衍生品 DEX 的主要特点之一是使用智能合约。智能合约是自动执行协议，在满足预定义条件时自动执行交易或合同条款。它们通过消除对中介机构的需求并提供不可变的交易记录来确保交易过程的完整性和透明度。

衍生品 DEX 提供范围广泛的衍生产品，以迎合不同的交易策略和风险状况。这些产品包括期货合约、期权合约、掉期和合成资产。期货合约允许用户签订协议，以未来预定的价格和日期买卖资产。期权合约提供了在特定时间范围内以特定价格买卖资产的权利，但没有义务。掉期允许用户以指定的汇率将一种资产换成另一种资产。合成资产使用抵押品和智能合约复制现实世界资产的价值。

衍生品 DEX 的交易体验通常通过用户友好界面或去中心化交易所协议得以促进。DEX 使用户能够将他们的数字钱包直接连接到交易所和点对点交易资产，而无须集中式订单簿或匹配引擎。流动性提供者向 DEX 的流动性池提供资金，确保交易者有足够的流动性来执行交易。

衍生品 DEX 的显著优势之一是它们的可访问性。任何拥有互联网连接和兼容钱包的人都可以访问这些平台并交易衍生品，而无须中介或大量的 KYC/AML 程序。这为全球用户打开了交易机会，包括那些在服务欠缺地区无法获得传统金融服务的用户。

此外，衍生品 DEX 通常采用去中心化治理模式，允许平台用户参与决策过程。代币持有者可能拥有决定平台升级、费用结构和其他治理参数的投票权。这种参与式模式培养了社区主人翁意识，并使用户的利益与交易所的长期成功保持一致。

尽管衍生品 DEX 具有众多优势，但必须考虑它的相关风险。价格波动、智能合约漏洞和潜在的市场操纵是交易者和投资者在参与衍生品交易时应注意的因素。此外，围绕 DeFi 和衍生品市场不断变化的监管环境可能会带来不确定性和合规性挑战。

2. 去中心化衍生品分类

去中心化衍生品主要分为去中心化期货与去中心化期权。

去中心化期货

合约产品是在加密市场较早出现的衍生产品，也是目前交易量最高的衍生品。与现货交易不同，期货合约是双向加杠杆产品，可以从标的资产价格下跌中获利，且其杠杆属性放大了交易风险和利润，并且可以对现货持仓及未来即将收到的现货进行风险对冲。

BitMEX、币安、FTX 等中心化交易所是目前加密市场合约产品的主要玩家，这些交易所从中获取了大量流量与利润，但由于中心化交易所清算机制不透明、极端行情之下经常无法交易、插针现象颇多、收费过高等问题，去中心化合约产品成为越来越多合约用户的选择。

目前，DeFi 市场合约产品大多为永续合约，主要平台包括 dYdX、Perpetual Protocol、MCDEX、Injective Protocol、DerivaDEX、Futureswap 等。

去中心化期权

期权是一种权利，是指期权买方有权在约定时间内以约定价格买入或卖出一定数量标的资产的权利。在传统金融领域，期权又分为商品期权和金融期权，被广泛运用于套保和对冲风险中，用来抵御持有标的资产价格下行和未来买入资产价格上涨的风险。期权产品也具有很强的投机性，用户完全可以利用其隐含波动率等进行投机套利。

DEFI 期权合约目前主要分为两种，一种是和传统金融市场类似的标准化期权，例如，Opyn、Siren 等；另一种是简化版的期权交易，仅需选择方向、数量、行权价、持有时间即可创建一个期权，使加密货币领域的用户可以更简便地使用期权工具，这类期权项目有 Hegic、Charm、FinNexus 等。

与传统金融领域中期权市场的体量相比，DeFi 期权市场仍然很小。目前加密市场中，中心化期权项目 Deribit 占加密期权 80% 以上的市场流动性，流动性仍然是去中心化期权项目面临的最大难关。

3. dYdX

dYdX 是一个去中心化的交易所协议，提供借贷、现货交易，保证金交易和永续合约交易。作为首批专门从事去中心化衍生品交易的项目之一，dYdX 支持三种资产的现货和保证金交易——ETH、USDC 和 DAI。对于永续合约交易，有 11 种不同的合约可供交易，包括 BTC、ETH、AAVE 和 LINK。

dYdX 与 Aave 和 Compound 等其他借贷平台有一些共同特点——允许用户将其资产存入以赚取利息或将其存入的资产作为借贷的抵押品。然而，dYdX 的不同之处在于其纳入了 ETH 的保证金交易，使用 DAI 或 USDC 作为抵押品，可获得高达 5 倍的杠杆。用户还可以利用高达 10 倍的杠杆在 dYdX 上进行永续合约交易。

dYdX 上的借贷是灵活的，并自动与借款人匹配，所以在贷款人开始赚取存款利息之前没有等待期。每次使用该资产进行交易时，利息都是以复利支付的。

利率根据资金利用程度动态更新，利用程度越高，贷款人的利率就越高。对于借款人来说，初始抵押率需要达到 125%，同时需要保持 115% 的最低比率，以防止被自动清算。

dYdX 为现货交易商提供与中心化交易所类似的功能，如市价、限价和止损订单。保证金或现货头寸的交易费用只限于吃单者（立即成交），其中收取的金额为 0.3% 的贷款额或当时的可变 Gas 成本，以高者为准。为了尽量减少 Gas 成本，交易者应注意订单大小。平台对较小的订单收取额外费用，以支付完成交易的 Gas 费用。

对于 dYdX 的永续合约市场，所有合约都以 USDC 作为抵押品。每个合约使用不同的预言机、订单大小和保证金要求。只要头寸未平，每秒都会持续收取资金费率。费率每小时重新计算，以 8 小时费率表示，类似于 Binance Futures。遗憾的是，dYdX 的永续合约不向美国居民提供。

  在 2021 年第一季度，dYdX 与 Starkware 合作，建立了一个二层交易协议，允许更快和更便宜的交易。使用 StarkEx 的可扩展性引擎，交易将使用 zK-Rollup 进行链外匹配，并在以太坊主网上结算。用户现在可以通过生成一个 Stark Key 来进入 Layer2 市场，用来识别你在 dYdX 上的 Layer2 账户，并发送一个交易来注册链上的账户。

第二节
NFT：Web3.0 资产市场

一、NFT 是什么？

  近年来，数字资产和区块链技术领域出现了突破性的创新，吸引了艺术家、收藏家和爱好者的关注。这种现象被称为非同质化代币（Non-Fungible Tokens，NFT）。NFT 已成为一股变革力量，彻底改变了我们感知数字所有权、创造力和价值概念本身并与之互动的方式。

  那么，NFT 到底是什么？从本质上讲，NFT 是存在于区块链网络（最常见的是以太坊区块链）上的独特数字代币。与比特币或以太坊等可替代且可以一对一交换的加密货币不同，NFT 代表一种独一无二的物品，每种物品都拥有自己独特的属性和特征。这些代币可以代表范围广泛的数字或有形资产，例如，艺术、音乐、视频、虚拟房地产、收藏品、游戏内物品甚至体验。

NFT 的出现为创作者和艺术家开启了一种新范式，使他们能够以以前无法想象的方式将他们的作品代币化和货币化。通过将他们的创作铸造成 NFT，艺术家可以在区块链上建立可验证且不可更改的所有权和真实性记录。这给艺术界带来了重大转变，因为现在 NFT 可以像实体作品一样购买、出售和拥有数字艺术品。

NFT 的一个关键特征是它能够合并智能合约，这些合约是具有直接写入区块链代码的预定义条件的自动执行协议。智能合约允许创作者对版税、许可协议或他们想要的任何其他条件进行编程，以确保他们在转售 NFT 时获得未来销售额的一定百分比。这一突破性的功能有可能通过为艺术家提供持续的收入来源来彻底改变艺术市场，即使在首次销售之后也是如此。

此外，NFT 使艺术和收藏品领域的参与民主化。以前，传统艺术市场仅限于少数画廊、拍卖行和收藏家，他们决定了艺术的价值和可及性。然而，NFT 为各种背景的创作者开辟了新的途径，让他们可以向全球观众展示他们的作品，打破障碍，让艺术家和他们的粉丝能够直接互动。这种新发现的可访问性使艺术家、音乐家和创作者能够建立自己的社区、建立个人品牌并与支持者建立有意义的关系。

NFT 的爆炸式增长并不仅限于艺术界。这个概念已经渗透到各个行业，包括游戏、体育、时尚，甚至房地产。在游戏中，NFT 允许玩家拥有独特的游戏内资产，授予真正的数字所有权以及在开放市场上自由交易这些物品的能力。在体育运动中，NFT 为粉丝们创造了收集和拥有数字纪念品的新机会，增强了他们与喜爱的运动员和球队的联系和主人翁感。NFT 甚至在时尚界留下了自己的印记，数字服装和配饰可以作为独特的代币购买，允许用户在虚拟世界或社交媒体平台上展示它们的风格和创造力。

二、NFT 的发展历程

NFT 生态的繁荣不是一夜之间实现的，而是经历了四个阶段：酝酿期萌芽期、建设期和爆发期[①]。

（一）酝酿期（2017 年之前）

在 NFT 出现之前，一些具有一些 NFT 特征的代币出现了，这启发了 NFT 的诞生。2012 年出现的 Colored Coin 由具有特定属性的比特币组成，可以代表商品证书、货币、智能财产和其他金融工具，被认

---

① 0x11. NFT 简史：跨越六十年的 NFT 群星闪耀时刻 [EB/OL]. [2023-08-27]. https://foresightnews.pro/article/detail/17279.

为是最早的类似 NFT 的通行证。这一时期的大多数项目都是围绕加密货币领域创建的，没有引起市场参与者的太多关注。

（二）萌芽期（2017 年）

以太坊技术的改进和开发人员不断壮大的生态系统为 NFT 的诞生提供了适宜的土壤。2017 年 6 月，Larva Labs 在以太坊上创建了世界上第一个 NFT 项目 CryptoPunks；2017 年 9 月，Dapper Labs 发布了用于构建 NFT 的第一个技术标准 ERC-721，并推出了盛行一时的 NFT 游戏 CryptoKitties，有多达 44 800 个钱包地址持有 CryptoKitties。同时，为了解释 CryptoKitties 与其他 ERC-20 项目之间的区别，Dapper Labs 创始人 Dieter Shirley 首次提出了 NFT 的概念。NFT 的概念开始为加密市场所关注。

（三）建设期（2018—2020 年）

2018 年加密市场熊市到来后，NFT 市场也回归平静，进入生态建设期，NFT 市场的基础设施逐步得到完善。以 Opensea 为代表的 NFT 交易平台相继建立，为 NFT 提供了完善的交易基础设施；以 Metamask 为代表的 Web3.0 智能钱包不断改善用户体验，并为 NFT 提供适宜的存储设施和互动工具；ERC-1155 等新的 NFT 标准相继推出，使 NFT 能够适应多样化的应用场景；BSC 和 Polygon 等侧链以及 Layer2 解决方案的引入为 NFT 提供了更高效的结算层。

（四）爆发期（2021年之后）

2021年年初，丰富多样的内容、名人和知名IP的进入加速了NFT市场的增长。

2021年3月，数字艺术家Beeple的一件名为"Everydays：The First 5 000 Days"的艺术品在佳士得拍卖会上以惊人的6 900万美元售出。这标志着一个分水岭时刻，推动NFT进入主流意识并巩固其作为数字所有权和投资合法形式的地位。

NFT很快也渗透到各个行业，包括音乐、体育、游戏和时尚等领域。Kings of Leon和Grimes等音乐家将专辑作为NFT发行，向他们的粉丝授予专享特权和所有权。在体育领域，主要的体育联盟和运动员已经将NFT作为与粉丝互动和将数字纪念品货币化的一种方式。Axie Infinity和Decentraland等基于区块链的游戏吸引了数百万购买、出售和交易基于NFT的游戏内资产的用户。

与之相应，NFT的热度、交易量在2021年都出现了爆发式增长，根据Cryptoslam统计，2021年全球NFT交易总额达到186亿美元，同比增长575倍。

三、NFT的特性

NFT因其独特的特性而备受关注和赞誉，彻底改变了数字所有权的概念。这些独有的特征使 NFT 有别于其他数字资产和传统所有权形式，以前所未有的方式赋予创作者、收藏者和爱好者权利。让我们探索使 NFT 真正与众不同的关键特征。

（一）唯一性

NFT 本质上是唯一且不可分割的。每个代币都代表一种独一无二的物品或资产，无论是数字艺术品、收藏品、一段音乐，甚至是虚拟房地产。与加密货币等可替代资产不同，其中一个单位可以换成另一个相同的单位，NFT 建立了无可辩驳的真实性和独创性，创建了可验证的所有权记录。

（二）不可篡改

NFT 利用区块链技术的力量来确保其不变性。一旦在区块链上铸造或创建，NFT 的详细信息和所有权历史就被记录在去中心化和透明的分类账上。这种不可变的记录可防止欺诈、篡改或未经授权的更改，从而提供可信赖的永久所有权记录。

（三）所有权和可转让性

NFT 支持无缝的所有权和可转让性。作为独特的数字资产，NFT 可以在各方之间轻松买卖和转移。NFT 的所有权是通过密码保护的，所有权转移被记录在区块链上，保证了所有权历史的合法性和可追溯性。

（四）可编程性

NFT 通过使用智能合约具有可编程特性。智能合约是自动执行特定条件和操作的自动执行协议。创作者可以将特定规则、版税结构或使用权嵌入与其 NFT 关联的智能合约中。这种可编程性使创作者能够收取版税或规定特定条款，即使他们的 NFT 在二级市场上转售也是如此。

（五）可证明的稀缺性

NFT 在数字领域引入了稀缺性和稀有性的概念。通过定义限量版或特定属性，NFT 创造者可以建立稀缺性，这直接影响资产的价值和吸引力。

（六）互操作性

NFT 可跨各种平台和生态系统进行互操作。虽然 NFT 通常是在特定的区块链网络上创建和铸造的，但它们可以在不同的市场和平台上买卖和展示。这种互操作性扩大了 NFT 的范围和可访问性，允许用户在他们喜欢的平台和生态系统上使用他们的代币。

（七）全球可访问性

NFT 提供全球可访问性和包容性。NFT 的数字性质超越了地理界限，使创作者能够接触到全世界的观众，让收藏家能够访问大量的数字资产。

第三章
Web3.0 应用生态

这种全球可访问性使艺术、音乐和收藏品空间民主化，让来自不同背景的创作者能够展示他们的作品，让来自世界各地的收藏家参与到市场中。

四、主流 NFT 标准

NFT 的标准化非常重要，特别是在互操作性方面，它支持在不同的 Dapp 之间转移 NFT。目前，大多数非同质化代币都是在以太坊区块链上发行的，以下主要介绍以太坊上主流的 NFT 标准。

（一）ERC-721

ERC-721 标准由威廉·恩特里肯（William Entriken）、迪特·雪莉（Dieter Shirley）、雅各布·埃文斯（Jacob Evans）和娜斯塔西娅·萨克斯（Nastassia Sachs）于 2018 年提出，是最早采用、最广泛的 NFT 标准之一。基于以太坊区块链，ERC-721 代币代表独特的数字资产，并允许它具有个人所有权、可转让性和可验证性。该标准有助于 NFT 市场的发展以及数字艺术、收藏品和虚拟资产的代币化。

（二）ERC-1155

ERC-1155 标准由 Enjin 于 2018 年推出，是一种多代币标准，在单个合约中结合了可替代和不可替代的代币。它通过允许在同一智能合约中创建多种令牌类型（例如，独特的 NFT 和可互换的 ERC-20 令牌）来提供更高的效率和灵活性。与 ERC-721 相比，ERC-1155 意味着 NFT 不再是一种物品，而是一种类别。该标准已在游戏中找到实用性，它有助于创建各种游戏内资产和项目。

（三）ERC-721x

在 ERC-721 标准的基础上，ERC-721x 标准通过合并附加功能增强了互操作性。ERC-721x 由流行的 NFT 市场 OpenSea 背后的团队提议，扩展了 ERC-721 标准以支持批量传输，允许在单个交易中传输多个 NFT。这提高了效率并降低了 Gas 成本，使用户更容易管理和交易他们的 NFT 收藏。

（四）ERC-998

由詹姆斯·杨（James Young）提出的 ERC-998 标准引入了可组合 NFT 的概念。可组合 NFT 是可以包含其他 NFT 或可替代代币的代币，从而创建所有权的层次结构或结构。该标准能够创建复杂的 NFT 生态系统，其中可以组合或拆分多个代币，从而允许开发更复杂和相互关联的数字资产。

例如，在 Web3.0 游戏中，游戏角色的所有权代表一个非同质化代币，而角色装备的所有权则代表另一个代币。虽然角色装备属于角色，但在现有的 ERC-721 系统中，这种隶属关系无法反映；如果要进行交易，只能分别交易角色和装备。ERC-998 允许用户将两者合并为一个代币。合成的父代币包含了角色和装备的第二代子代币的所有权关系，方便打包销售，并大大简化了物品的转移。

五、NFT 的应用场景

NFT 吸引了全球创作者、收藏家和爱好者的想象力，彻底改变了我们对数字资产和所有权的看法。除了在艺术和收藏品领域之外，NFT 已经在很多领域获得了应用，展现了新的可能性并改变了我们数字生活的各个方面。下文将探讨 NFT 在不同领域的多样化和创新应用。

（一）数字艺术和收藏品

NFT 席卷了艺术界，为数字艺术家提供了一个平台，可以展示和销售其拥有可验证的所有权和稀缺性的作品。艺术家可以将他们的艺术品铸造成 NFT，确保出处和真实性，并将它们直接出售给各种市场上的收藏家。NFT 还可以实现实物资产的代币化，例如，现实世界的艺术品或纪念品，使收藏家能够拥有这些物品的独特数字表示。

（二）游戏和虚拟资产

NFT 对游戏行业产生了重大影响，使游戏内资产和虚拟世界的代币化成为可能。玩家可以拥有、交易和货币化数字物品，例如，皮肤、武器或虚拟房地产，作为 NFT。这引入了游戏内资产的真正所有权和可转让性，培育了充满活力的二级市场，并为玩家和游戏开发商创造了新的收入来源。

（三）音乐和版税

NFT 已经成为音乐家和音乐行业的游戏规则改变者。艺术家可以将音乐作为 NFT 发行，为粉丝提供独特的收藏版本、特殊津贴或独家访问内容。NFT 还可以嵌入可编程功能，允许艺术家在二级市场上转售他们的 NFT 时直接收取版税。这使音乐家能够与粉丝建立直接关系，并在传统分销渠道之外创造额外的收入来源。

（四）虚拟房地产和元宇宙

NFT 促进了虚拟房地产的代币化，允许用户在虚拟世界或元宇宙中买卖和交易数字土地。这些基于 NFT 的虚拟财产可以作为活动、展览或社交互动的场所，塑造虚拟体验的未来。Metaverses 是身临其境、相互关联的虚拟环境，用户可以在其中相互交互，创建独特的数字资产并从中获利，从而建立新的经济和社会结构。

（五）身份和认证

NFT 有可能彻底改变数字身份管理和认证系统。NFT 可以代表可验证的凭证，例如，教育学位、专业证书或许可证，确保其真实性和可追溯性。通过使用区块链技术，NFT 提供身份和资格的防篡改记录，简化招聘、教育验证和身份验证等流程。

（六）体育纪念品和球迷参与

NFT 影响了体育纪念品市场，为球迷提供独特的数字收藏品和体验。体育联盟和运动员可以铸造代表标志性时刻的 NFT、亲笔签名的商品或赛事的独家访问权。这增强了球迷的参与度，使支持者能够拥有和交易数字纪念品，参与球迷体验，并以创新的方式支持他们最喜欢的球队和运动员。

（七）虚拟商品和时尚

NFT 已经扩展到虚拟时尚和虚拟商品领域。时尚品牌可以创建和销售限量版数字服装或配饰作为 NFT，允许用户为他们的化身打扮或展示他们的虚拟风格。虚拟商品，如 3D 模型、动画或滤镜，也可以标记为 NFT，为数字内容创作领域的创作者提供新的收入来源。

（八）慈善事业和社会影响

NFT 已被用来支持慈善事业和社会影响倡议。艺术家和创作者可以拍卖或出售 NFT，并将部分收益用于慈善组织或事业。NFT 提供透明度和可追溯性，确保资金定向到预期的接收者，同时还提高认识并促进积极的变化。

上述只是 NFT 众多激动人心的用例中的一小部分。NFT 的多功能性继续激发创新和探索,重新定义我们创建、拥有和与数字资产交互的方式。随着技术的发展,我们可以期待更多跨行业的突破性应用。

六、NFT 生态系统

自 2021 年 NFT 生态爆发式发展以来,NFT 已经逐步形成了自己的生态系统,我们将 NFT 生态系统划分为六个层级,如图 3.1 所示。

聚合器	GEM　　　　　　　　　　　　　　　　　　Uniswap
NFTFi 协议	NFT 借贷 BendDAO　　　　NFT 碎片化协议 Unicly
交易平台	OpenSea　　　　　SuperRare　　　　　Rarible
垂直应用	CryptoPunks　　　NBA Top Shot　　　Art Blocks
Layer2 基础设施	Arbitrum　　Polygon　　Immutable X　　Optimism
Layer1 基础设施	以太坊　　币安智能链　　FLOW　　Solana

图 3.1　NFT 生态系统

数据来源:Messari。

(一)Layer1 基础设施

区块链层是 NFT 生态的底层基础设施。NFT 通常建立在区块链网络上,为安全和去中心化的交易提供必要的基础设施。以太坊凭借其智能合约功能,一直是 NFT 开发最受欢迎的区块链。其他区块链平台,如币安智能链、Flow 和 Solana 也已成为可行的替代方案,每个平台都

第三章
Web3.0 应用生态

有自己独特的特性和功能。

以太坊：以太坊被广泛认为是 NFT 的先驱和领先区块链。它引入了 ERC-721 和 ERC-1155 令牌标准，彻底改变了数字收藏品和游戏行业。以太坊强大的智能合约功能和庞大的开发者社区促进了众多 NFT 市场的创建，包括 OpenSea 和 Rarible，用户可以在其中买卖和交易各种数字资产。

币安智能链：由流行的加密货币交易所 Binance 创建的币安智能链作为 NFT 的区块链获得了巨大的吸引力。与以太坊相比，币安智能链提供更低的交易费用和更快的出块时间，使其成为对 NFT 爱好者和创作者具有吸引力的替代方案。币安智能链上出现了 BakerySwap 和 NFTMarketplace 等 NFT 平台，为用户提供了更多的 NFT 交易和参与选择。

Flow：Flow 是由 Dapper Labs 开发的专用区块链，Dapper Labs 是 CryptoKitties 成功背后的团队。Flow 专注于为 NFT 和游戏应用程序提供可扩展性、可用性和对开发人员友好的功能。其面向资源的架构和 Cadence 智能合约语言为构建数字收藏品和游戏并与之交互提供了坚实的基础。Flow 上的著名项目包括 NBA Top Shot，一个与篮球相关的 NFT 交易平台，以及流行的基于区块链的收藏游戏 CryptoKitties。

Solana：Solana 作为支持 NFT 的高性能区块链受到关注。凭借其快速的交易处理能力和低廉的费用，Solana 为 NFT 创作者和收藏者提

167

供了无缝体验。Solana 上出现了几个 NFT 平台，例如，Solanart 和 Solsea，为用户提供一系列数字收藏品、艺术品和游戏资产，供用户探索和交易。

（二）Layer2 基础设施

NFT 生态的日益繁荣，对可扩展且具有成本效益的区块链解决方案的需求也在不断增长。Layer2 区块链已成为解决以太坊网络面临的可扩展性挑战的有前途的替代方案，可以加快交易处理速度并降低费用。

Polygon（以前称为 Matic）：Polygon 是以太坊的 Layer2 扩展解决方案，它提供一系列侧链、工具和基础设施来增强可扩展性和用户体验。通过利用其互联链网络，Polygon 显著降低了交易成本并加快了交易确认。它为 NFT 铸造、交易和游戏应用程序提供了理想的环境，并吸引了一个充满活力的项目和平台生态系统，其中包括最大的 NFT 市场之一 OpenSea。

Arbitrum：Arbitrum 是一种与以太坊兼容的 Layer2 解决方案，它利用 OP-rollups，一种将多个交易聚合到一个批次中的技术，可减少拥堵和 Gas 费。借助 Arbitrum，开发人员可以轻松地将他们现有的以太坊合约和 Dapp（包括 NFT 项目）移植到 Layer2 环境。这种兼容性和无缝集成使 Arbitrum 成为寻求可扩展性而又不牺牲以太坊网络的安全性和分散性的 NFT 创建者和收藏者的有吸引力的选择。

第三章
Web3.0 应用生态

这些 Layer2 区块链为 NFT 项目提供了以太坊的替代方案，提供可扩展性、降低费用和改善用户体验。通过利用侧链、rollups 和 ZKP 等技术，这些解决方案解决了以太坊网络的局限性，使 NFT 的创建者和收藏者能够参与到一个更高效、更具成本效益的生态系统中。随着 NFT 市场的不断扩大，Layer2 解决方案的开发和采用将在塑造 NFT 和基于区块链的数字资产的未来方面发挥至关重要的作用。

（三）垂直应用

不可替代代币（NFT）的兴起导致了众多成功应用的出现，这些 NFT 应用展示了基于区块链的数字所有权带来的各种可能性和机会。这些应用程序涵盖广泛的行业，包括艺术、收藏品、游戏、虚拟现实等。

CryptoPunks：CryptoPunks 是最早也是最具标志性的 NFT 项目之一。它具有 10 000 个独特的 24 像素 ×24 像素艺术角色，每个角色都有不同的属性和特征。CryptoPunks 因其稀缺性和收藏性而广受欢迎，一些稀有角色的售价高达数百万美元。它在建立数字收藏品概念方面发挥了关键作用，为 NFT 革命铺平了道路。

NBA Top Shot：NBA Top Shot 是由 Dapper Labs 与美国国家篮球协会（NBA）合作开发的官方授权 NFT 平台。它允许篮球迷收集和交易代表 NBA 亮点或"时刻"的 NFT。NBA Top Shot 广受欢迎，吸引了庞大的用户群并产生了数百万美元的交易量。它将体育纪念品引入数字领

域，并为球迷提供了一种独特的方式来参与他们最喜欢的 NBA 时刻。

Art Blocks：Art Blocks 是一个汇集生成艺术和 NFT 的平台。艺术家创建算法生成的模板，用户可以铸造独一无二的艺术品作为 NFT。Art Blocks 为艺术家提供了一个展示他们在数字艺术空间中的创造力和创新的平台。作为生成艺术爱好者和收藏家的中心，它已经拥有了吸引力，培养了一个充满活力的创作者和买家社区。

Sorare：Sorare 是一款梦幻足球游戏，玩家可以在其中收集、交易和管理作为 NFT 的虚拟球员卡。这些卡片代表现实生活中的足球运动员，用户可以创建自己的梦之队并与其他人竞争。Sorare 在体育游戏行业获得了关注，在基于区块链的生态系统中提供了收藏品和梦幻体育的独特融合。

（四）NFT 交易平台

NFT 交易所通过为买卖双方提供交易、发现和参与数字资产的平台，在不断发展的 NFT 生态系统中发挥着至关重要的作用。这些交易所充当用户可以买卖和拍卖 NFT 的市场，促进独特数字物品、艺术品、收藏品、虚拟土地等的交换。其生态系统中著名的 NFT 交易所包括 OpenSea、Rarible、SuperRare 等。这些平台因其用户友好的界面、大量的 NFT 选择和活跃的用户社区而备受瞩目。它们还在举办备受瞩目的 NFT 销售以及与知名艺术家、名人和品牌的合作方面发挥了重要作用，进一步推动了 NFT 的主流采用。

OpenSea：OpenSea 是最大和最受欢迎的 NFT 市场之一，拥有大量数字收藏品、艺术品、虚拟土地等。它是买卖双方跨各种平台和项目交易 NFT 的枢纽。OpenSea 的用户友好界面、广泛的 NFT 选择和强大的交易功能使其成为 NFT 爱好者的首选平台，促进了数字资产的繁荣市场。

Rarible：Rarible 是一个 NFT 市场和平台，允许用户创建、购买和销售数字收藏品、艺术品和其他 NFT。它使创作者无须编码技能即可铸造自己的 NFT，从而使广泛的艺术家和创作者能够参与 NFT 生态系统。Rarible 的市场活动非常活跃，已成为艺术家和收藏家参与 NFT 的首选平台。

SuperRare：SuperRare 是一个专注于数字艺术品和收藏品的独家 NFT 市场。它策划了来自知名艺术家的高质量数字艺术作品，并为创作者提供了一个平台来销售他们的限量版 NFT。SuperRare 的策展过程和对稀缺性和质量的重视使其成为数字艺术收藏家的首选目的地，促进 NFT 空间中数字艺术的价值和欣赏。

（五）NFTFi 协议

NFT 和 DeFi 的融合催生了一个强大且具有变革性的概念，即 NFTFi。通过将 NFT 与 DeFi 集成，用户现在可以利用他们的 NFT 资产来获取流动性、赚取被动收入并参与复杂的金融策略。NFTFi 协议主要包括如下类型。

NFT 借贷：NFT 借贷允许 NFT 所有者利用他们的资产作为贷款

的抵押品，使他们能够立即获得流动性，而无须出售他们有价值的资产。这为 NFT 持有者提供了灵活性和财务自由，使他们能够释放其数字资产的价值。

*部分所有权：*部分所有权实现了 NFT 的碎片化，将所有权分成可以买卖或交易的较小份额。这种部分所有权模式增强了流动性，扩大了投资者基础，并使 NFT 投资组合更加多样化。

*NFT 衍生品：*NFT 衍生品是指为 NFT 量身定制的创新金融产品和服务。这包括创建 NFT 指数、基于 NFT 的衍生品、预测市场等，为 NFT 生态系统内的投资者、投机者和创造者提供全新的机会领域。

（六）聚合器

NFT 市场见证了 NFT 的爆炸式增长，大量的 NFT 正在被铸造并在各种区块链平台和 NFT 市场交易。然而，这种碎片化给希望有效探索和驾驭 NFT 领域的 NFT 收藏家带来了挑战。NFT 聚合器通过将来自不同平台的 NFT 整合到一个界面中来解决这个问题，允许用户在一个地方浏览、搜索和探索各种 NFT。这些平台通常提供高级搜索过滤器、精选收藏和个性化推荐，使用户更容易根据自己的兴趣、偏好和投资目标发现 NFT。NFT 聚合器已成为快速扩展的 NFT 生态中必不可少的平台。

*Gem：*Gem 是一个著名的 NFT 市场聚合器。它被认为是 X2Y2、Opensea、Looks Rare 和 Rarible 这四个主要 NFT 交易主要聚合器之一，最近被 OpenSea 收购。该平台解决了用户在使用 NFT 时遇到的最大问

题之一——Gas 费——同时为用户提供无缝、无忧的 NFT 购买体验。Gem 服务的加密货币市场目前是业内最大的市场之一，并在 2021 年获得了 410 亿美元的交易额。此外，通过实施一些用户友好功能，它积极促进了 NFT 的采用。

Uniswap：Uniswap 通过将 NFT 放在一个平台上，为它们增添了色彩。与单个 NFT 市场相比，Uniswap 聚合器的用户可以同时查看来自 OpenSea、LooksRare、NFTX 和其他 NFT 市场的列表。然后，用户可以评估市场价格并决定是否购买或出售自己的 NFT，一次一个或批量。此外，他们的聚合器将成为开源其前端代码的"第一个主要 NFT 平台"。它还将对用户更加友好，从而降低交易费用。

第三节
Web3.0 游戏

一、Web3.0 游戏是什么？

Web3.0 游戏是指在在线游戏开发中使用区块链技术。它涉及将加密货币、NFT 和智能合约等去中心化技术整合到视频游戏中，创造一种新型的游戏体验，使玩家对他们的游戏资产拥有更大的控制权，并使

Web3.0
构建数字经济新未来

他们在玩游戏的同时可以赚取加密货币或其他数字资产。

Web3.0 游戏利用区块链技术的透明性、安全性和不可变性，使玩家可以拥有和交易游戏资产，如武器、角色和虚拟房地产。通过使用智能合约，游戏开发人员可以为他们的游戏资产创建可验证的稀缺性，使它们有价值，使玩家能够在安全和去中心化的方式下购买和出售它们。

总的来说，Web3.0 游戏代表了游戏行业的重大转变，因为它促进新的玩家所有权、创造力和社区参与水平的实现。

二、Web3.0 游戏的特性

尽管还处于起步阶段，但是区块链和 NFT 游戏对用户来说还是很有吸引力的；因为它提供了一系列传统游戏所没有的新机会。革命性的新概念，如"边玩边赚"游戏和"给予玩家更多控制权"，使其对加密货币爱好者和游戏玩家都具有吸引力。Web3.0 游戏的潜力是巨大的，随着它的发展，产品也会越来越多。下面我们将讨论基于 NFT 的游戏的一些主要好处。

（一）给玩家更多控制权

在 Web3.0 游戏中，玩家拥有更多的控制权，因为他们保留了资产的控制权。这意味着，与传统游戏不同（在传统游戏中，开发者拥有删除或更改任何物品的权利），玩家在游戏中购买或获取的资产不能被其他人拿走或改变。如果开发公司决定关闭游戏或删除某些功能，玩家不会失去他们在游戏中赚取的资产。在 Web3.0 游戏中，一旦拥有了资产，它就不会被拿走。

一旦玩家拥有了 NFT 形式的资产，它就会保留在玩家的所有权之下，存储在加密钱包中，并可以在其他游戏中出售或交易。这意味着 NFT 资产可以超越游戏的生命周期继续存在并保持其价值，并且可能会增值（如果有足够的需求）。

因为智能合约在游戏中促进了 NFT 的传播，因此当满足某些条件时，例如，完成游戏任务或购买资产时，游戏会自动授予玩家数字资产的所有权。由于在公共和无须许可的区块链中保存的数据是不可变的，开发者无法更改智能合约，从而为玩家提供了更多的安全性和控制权。

这为玩家使用其技能赚钱提供了新的机会，玩家可以通过区块链追踪每个 NFT 的历史。如果玩家成功，他们可以出售或拍卖他们游戏内的资产，例如，罕见的收藏品或游戏中的胜利工具。

（二）Play to Earn

随着 Web3.0 游戏和 NFT 的兴起，出现了"Play to Earn"的全新游戏范式。Play to Earn 颠覆了传统游戏的"Game to Win"或"Pay to Win"范式。这是一种新模式，玩家通过完成特定目标（如击败关卡或完成挑战）赚取代币或资产。游戏中赚取的代币具有实际的价值，并可以用于支付各种费用，包括购买和出售 NFT 或将它们兑换为其他加密货币，如比特币或以太坊币，甚至可以用于购买现实资产。这使得玩家可以通过玩游戏赚取收入。

将游戏行为货币化以推动现实世界交易的模式被称为游戏金融（GameFi）。GameFi 认同这样一个理念：玩家不应该只在游戏中花钱，而应该像投资一样，获取可以保留、增值和在二级市场上转售的资产。Web3.0 游戏使这成为现实。底层的区块链技术使玩家可以赚取具有实际价值的货币和资产。反过来，这创造了一个全新的数字经济，奖励玩家玩游戏，并使游戏成为一种有潜力的赚钱方式。

其中一个典型例子是 Axies Infinity，这是由 SkyMavis 开发的一个盛行一时的 NFT 游戏，2021 年其日收入一度高达 2 000 万美元。在该游戏中，玩家饲养和交易名为 Axies 的数字宠物来赚取收入。报道称，许多玩家将这个游戏作为他们的主要收入来源。在 2019 年，一些菲律宾人为了赚钱而玩 Axie Infinity，并拍摄了一部微型纪录片。Axie Infinity 使用 NFT 获取购买每只宠物的权利，并通过获得 SLP（小爱药水）来培养这些宠物。然后，玩家可以出售这些宠物或 SLP 以获取加密货币，并将其兑换为各自的法定货币。

（三）去中心化的游戏经济

Web3.0 游戏通过引入 NFT 创造了一个新的游戏经济范式，在这种范式下，用户参与游戏可以获得奖励，同时还能够获得金融服务，游戏成为用户潜在的获利方式。

第三章
Web3.0 应用生态

游戏经济其实并不是全新的概念。一些 MMO 游戏如《魔兽世界》和《RuneScape》等已经展示了强大的游戏内经济体系所具有的效用，部分玩家还会用真实货币通过非官方渠道购买游戏内物品，或者从第三方网站如易贝网（eBay）购买游戏账户。作为如今元宇宙的前身，"Second Life（第二人生）"十多年前就普及了数字货币的使用，并将其视作现实世界的资产。

Web3.0 游戏则进一步扩展了游戏经济体系，使其更强大、更易于创建和开发。区块链在原理上可以实现快速高效的交易，尽管像以太坊这样的区块链仍然存在严重的性能限制。

基于区块链的 NFT 和其他去中心化资产也可以在多个游戏经济体之间无缝转移。元宇宙的发展和扩展将进一步推动这一进程，帮助 Web3.0 游戏建立一个完全去中心化运行的经济体系，从而彻底改变玩家与游戏以及游戏经济体之间的互动方式。玩家通过玩游戏和在游戏内购买和交易 NFT 就能赚钱。它的影响远不止于此。

例如，玩家为了完成任务可以选择从 NFT 的持有人那里租用而不是购买相关 NFT。租户可以与持有人分享他们从中获得的利润，或向拥有者支付租金以换取他们所借的物品。经验丰富的玩家也可以通过以下方式收费：帮助其他玩家完成目标、与其他玩家一起游戏、指导他人如何更好地玩游戏。

三、Web3.0 游戏生态系统

2021 年以来，随着 Axie Infinity、Alien World 等爆款 Web3.0 游戏的出现，以及加密机构对 Web3.0 游戏生态的不断加注，Web3.0 游戏的基础设施堆栈也迅速发展，形成了由工作室、游戏和关键基础设施等不同层级组成的生态系统，如图 3.2 所示。

游戏公会	Yield Guild　　　　GuildFi　　　　Merit Circle
Web3.0 游戏	Axie Infinity　　The Sandbox Game　　　　Stepn
游戏市场	OpenSea　　　　　NFTrade　　　　　DMarket
Launchpad	Enjinstarter　　　Gamestater　　　Magic Eden
游戏开发基础设施	Forte　　　Enjin　　　Oculus　　　Ultra Games
Layer2 基础设施	Immutable X　　Arbitrum　　Polygon　　Optimism
Layer1 基础设施	Ethereum　　　WAX　　　Flow　　　Solana
游戏工作室	Dapper Labs　Sky Mavis　Immutable　Gala Games

图 3.2　Web3.0 游戏生态系统

数据来源：Messari。

（一）游戏公会

游戏玩家对于游戏公会并不会陌生。游戏公会已经在角色扮演游戏中存在了数十年。当游戏公会与 DAO 结合起来时就获得了通过治理代币来融资、激励和分配价值的能力，从而能够创造游戏货币化与用户增长的新范式。

代表性项目：Yield Guild Games（YGG）

YGG 成立于 2020 年年初，已成为快速发展的元宇宙行业的领跑者，它融合了区块链技术、虚拟经济和游戏，创造了一个开创性的生态系统，玩家可以通过游戏赚取现实世界的收入。

YGG 的核心是通过玩赚钱游戏为各行各业的个人，特别是发展中国家的个人提供机会和金融包容性，从而增强他们的能力。利用区块链技术的力量，YGG 使玩家能够通过参与各种基于区块链的游戏来产生收入，游戏中的资产和货币具有真实世界的价值，可以在分散的市场上进行交易。

玩赚钱的概念正在彻底改变传统的游戏格局，将其转变为经济赋权的途径。YGG 认识到玩家投入时间和精力来构建虚拟角色、收集稀有物品和推进游戏内成就的未开发潜力。通过将玩家与基于区块链的游戏联系起来并为他们提供资源和指导，YGG 开辟了一个充满可能性的世界，在这个世界中，游戏不再只是一种娱乐活动，而是一种可行的创收方式。

YGG 作为一个 DAO 运作，利用其社区成员的集体智慧和决策。该组织获取有价值的游戏内资产并将其分配给其成员，即所谓的"学者"，他们玩游戏并产生收入。YGG 经验丰富、知识渊博的经理（简称"经理"）负责监督和支持学者，为他们提供指导、培训以及工具和资源的使用权，以最大限度地提高他们的收入。

YGG 的主要优势之一在于其对普惠金融的承诺及其为发展中国家的个人创造的积极影响。通过利用区块链技术的去中心化特性，YGG 使经济机会有限地区的玩家能够参与全球游戏经济。这不仅在经济上赋予了个人权利，而且通过注入额外的收入来源为当地社区的经济增长和发展做出了贡献。

除了核心的游戏赚取活动外，YGG 还积极与游戏开发商、区块链项目和其他生态系统参与者合作，以推动创新并扩展元宇宙。通过建立合作伙伴关系并倡导在新游戏和现有游戏中整合游戏赚钱机制，YGG 促进了一个充满活力和可持续发展的生态系统的发展，使玩家和开发者都受益。

（二）游戏应用

Web3.0 游戏生态中最核心的仍然是游戏本身。目前 Web3.0 游戏已经出现了很多类型。比较成功的 Web3.0 游戏类型包括交易卡牌游戏（例如，Axie Infinity）、MMORPG（例如，DeFi Kingdoms）、虚拟世界（例如，The Sandbox）和体育游戏（例如，Sorare）。

随着 Web3.0 游戏生态的发展和演变，各个类型都大概率会出现爆款游戏。

代表性项目：Axie Infinity

Axie Infinity 是一个开创性的 Web3.0 游戏，一度风靡全球。

Axie Infinity 于 2018 年由 Sky Mavis 推出，已迅速成为区块链游戏领域最杰出和最成功的项目之一，引起了玩家和投资者的无限想象。

Axie Infinity 的核心是一款结合策略、冒险和收集元素的 P2E 游戏。玩家使用名为 Axies 的可爱奇幻生物进行战斗。这些 Axies 是 NFT，可以在以太坊区块链上拥有、培育和交易。专注于战略游戏和 Axies 的进化，玩家可以训练他们的生物，获得稀有和强大的样本，并在游戏的数字竞技场中与其他训练师竞争。

Axie Infinity 的与众不同之处在于其革命性的经济模式，使玩家能够通过游戏获得现实世界的收入。通过参与战斗和完成游戏中的任务，玩家可以获得一种名为"Small Love Potion"（SLP）的原生加密货币，它可以兑换成法定货币或在去中心化交易所进行交易。

Axie Infinity 在推动区块链技术和 NFT 的采用方面也发挥了关键作用。其独特的游戏和区块链组合吸引了主流关注，并让无数人认识到 Web3.0 游戏的潜力。

此外，Axie Infinity 还培育了一个繁荣的市场，玩家可以在其中买卖和交易 Axie、物品和游戏内资产。这个充满活力的生态系统创造了一个二级市场，稀有和抢手的 Axies 可以卖到高价，进一步提升玩家的价值主张。

（三）交易市场

Web3.0 游戏通常以 NFT 的形式发行角色、道具、土地等核心资

Web3.0
构建数字经济新未来

产，游戏 NFT 通常在 OpenSea 之类的通用 NFT 市场或 Metaplex、VIVE 和 Magic Eden 等垂直市场进行交易。此外，Enjin、Immutable X 等游戏基础设施还为生态内游戏提供了内置市场。

> 代表性项目：Magic Eden
>
> Magic Eden 是 Solana 区块链上最受欢迎的 NFT 市场之一。它于 2021 年 9 月 17 日推出，Magic Eden 凭借其极低的交易成本和上架 NFT 不收取任何费用，已成为 NFT 市场竞赛中最强大的竞争对手之一。2022 年 6 月，Magic Eden 以 16 亿美元的估值筹集了 1.3 亿美元。
>
> Magic Eden 的成功主要源于三方面：工具的简单性、对社区的关注以及可以在平台上创建和收集的代币的多样性。
>
> Magic Eden 是市场上对用户最友好的平台之一。它具有快速的处理时间、可靠的安全性和一系列引人注目的功能，使买卖变得容易。例如，Magic Eden 在其 Launchpad 上与创作者携手合作，帮助他们创作、铸造、营销和成功启动项目。
>
> Magic Eden 的另一个最重要的方面是它对社区的关注。Magic Eden 的创始人没有扩展 NFT 市场的交易性质，而是选择围绕构成 NFT 生态系统的创作者和收藏者的独特需求和愿望创造一种用户体验。Magic Eden 还引入了 Magic Tickets，它提供对 DAO 的访问。实际上，这是一个 Discord 聊天，让用户可以对市场的运作方式进行投票。
>
> 最后，Magic Eden 项目的多样性使其在竞争中脱颖而出。这

主要归结为平台上可用的各种 NFT 和体验以及在以太坊和 Solana 上跨链收集物品的能力。

就托管在 Magic Eden 上的内容而言，该平台在 PFP 和游戏方面均表现出色。随着 PFP NFT 在 NFT 市场中继续保持流行，一系列此类收藏继续主导着 Magic Eden，其中 Okay Bears 是最成功的。

在游戏方面，Magic Eden 是用户不仅可以收集区块链游戏 NFT，还可以玩游戏的好地方。随着越来越多的代币化游戏，该平台正迅速成为游戏购买和活动的一站式商店。

（四）Launchpad

Launchpad 能够帮助 Web3.0 游戏开发商募集资金用于游戏开发。Launchpad 一般通过 IDO[①] 或流动性引导池（LBP）进行筹款，两种方式都可以进行代币的初始发行。Launchpad 通常只为特定的 Web3.0 游戏生态筹集资金，例如，Polkastarter 主要服务于 Polkadot 的游戏生态，而 Magic Eden 则服务于 Solana 的游戏生态。

代表性项目：Polkastarter

Polkastarter 于 2020 年推出，作为区块链项目的启动平台，使人们能够以去中心化和安全的方式筹集资金并与广泛的投资者建

---

① 广义的 IDO 是指 Initial DeFi Offering，狭义的 IDO 是指 Initial Dex Offering.

立联系。

Polkastarter 的核心建立在 Polkadot 网络之上，这是一个高度可扩展和可互操作的区块链生态系统。利用 Polkadot 基础设施的力量，Polkastarter 提供了一个去中心化平台，项目可以在该平台上进行代币销售，称为初始 DEX 产品，同时确保公平分配和接触全球投资者。

Polkastarter 的显著特征之一是它强调实现跨链互操作性。通过利用 Polkadot 的独特技术，Polkastarter 允许项目在多个区块链上发布其代币，从而扩大其影响范围并利用多样化的流动资金池。这种互操作性不仅增强了项目的可扩展性，还促进了与其他区块链网络和协议的无缝集成。

Polkastarter 的 launchpad 是早期项目与投资者联系、获得曝光率和获得必要资金以实现他们的想法的门户。该平台的去中心化性质确保项目经过严格的审查程序，以维护投资者的利益并维护生态系统的完整性。通过提供分散的筹款机会，Polkastarter 为创新项目提供支持，并为散户投资者提供从头开始参与有前途的风险投资的机会。

Polkastarter 代币（POLS）是平台的关键组成部分，在生态系统中服务于各种目的。POLS 的持有者享有代币分配折扣、高级功能的独家使用权以及平台相关事务的投票权等好处。该代币还在管理平台的发展和方向方面发挥作用，Polkastarter 社区积极参与决策过程。

Polkastarter 在加密领域迅速获得了认可和支持，吸引了充满活力和参与度的用户和投资者社区。该平台已成功促进了不同领域创新项目的众多代币发行，包括 DeFi、NFT、游戏等。通过提供去中心化和包容性的筹款平台，Polkastarter 已成为创新的催化剂和去中心化金融革命背后的推动力。

除了 Launchpad 服务外，Polkastarter 还通过引入新功能和合作伙伴关系来继续发展和扩展其生态系统。该平台积极与 Polkadot 生态系统内外的其他项目合作，寻求促进互操作性并创造有利于更广泛的区块链行业的协同效应。通过这些合作，Polkastarter 旨在促进区块链技术的采用，并为去中心化金融领域的发展做出贡献。

（五）游戏开发基础设施

游戏开发基础设施如 Forte、Enjin 等通常会提供 API 和 SDK，使游戏开发者能快速集成 NFT 及其他 Web3.0 经济元素。从零开始建设 Web3.0 游戏基础设施对于游戏开发者而言是一项高难度且高耗时的工作。正如区块链开发者可以利用现成的智能合约工具与钱包等基础设施一样，游戏开发者也可以利用支持模块化组件（如钱包、支付、资产发行及其他基础功能）的 Web3.0 游戏开发基础设施（如 Stardust、Enjin、Forte）。

Forte 成立于 2019 年，致力于通过创建数字游戏体验的创建、分发和货币化的新范例来增强游戏开发者和玩家的能力。

Forte 的核心是寻求通过利用区块链技术建立开放和可互操作的平台来解决传统游戏模式的挑战和局限性。通过利用区块链的力量，Forte 旨在让游戏开发者能够真正拥有游戏内资产，从而创造身临其境的、玩家驱动的体验，从而培育更具吸引力和活力的游戏生态系统。

Forte 愿景的关键支柱之一是"社区驱动型经济"的概念。Forte 为游戏开发者提供工具和基础设施来设计和实施以玩家为中心的经济体，玩家在现实世界中拥有和控制他们的游戏资产。这种方法不仅可以增强玩家的参与度和沉浸感，还可以为玩家提供激动人心的机会，让他们从游戏体验中获得现实世界的价值。

Forte 的创新技术堆栈包括 Forte 平台等组件，使开发人员能够将区块链技术无缝集成到他们的游戏中。该平台提供用于设计和管理游戏内经济、促进安全资产所有权以及实现无摩擦点对点交易的工具。此外，Forte 的平台支持使用不可替代代币和其他基于区块链的资产，允许创建和交易独特且稀缺的数字项目。

为了履行其使命，Forte 与知名游戏开发商、发行商和行业领导者建立了战略合作伙伴关系。通过与这些利益相关者合作，Forte 旨在推动区块链技术在游戏行业的主流采用，并创建一个充满活力的互联游戏和虚拟世界生态系统。这些合作伙伴关系还使 Forte 能够利用游戏领域知名玩家的专业知识和资源，加速实现其愿景。

Forte 致力于创建一个包容且易于访问的游戏环境，这在其解决与区块链技术相关的可扩展性和成本问题的努力中显而易见。通过与 Ripple 的合作，Forte 利用 Interledger 协议（ILP），实现快速高效的跨链交易，实现各种区块链网络的无缝集成。这种方法可确保 Forte 的解决方案具有可扩展性、成本效益和用户友好性，从而为开发人员和玩家等提供顺畅的体验。

此外，Forte 还积极参与培养开发者社区并支持独立游戏工作室的发展。该公司推出了 Forte 加速器计划，为有前途的游戏开发商提供资金、资源和指导。通过培育创新和独特的游戏体验的发展，Forte 旨在使游戏格局多样化并鼓励创造力和实验。

除了专注于游戏开发之外，Forte 还在其他领域探索区块链技术的潜力，例如，虚拟现实和增强现实（VR/AR）。通过将区块链集成到这些沉浸式环境中，Forte 设想了一个未来，用户可以在虚拟世界之间无缝导航，保留其数字资产的所有权，并参与跨平台体验。

（六）Layer2 基础设施

2021 年的 NFT 牛市导致 Layer2 网络对游戏生态系统的投资增加。Axie Infinity 自行开发了侧链 Ronin 和 DEX Katana，进行了垂直整合，而 Enjin 等其他游戏开发平台则选择进行横向整合，例如，Enjin 在 Polkadot 上开发了平行链 Efinity。此外，包括知名游戏 Sorare、Gods Unchained、Zed Run 在内的许多游戏则致力于借助以太坊的网络效应，通过 Starkware、Immutable X、Polygon 等 Layer2 基础设施来满足扩展需求。

（七）Layer1 基础设施

Layer1 区块链是各种 Web3.0 协议及应用的核心基础设施。Layer1 区块链之所以重要，主要是它能够为 Web3.0 游戏提供 DAO、金融化协议、域名等各方面的可组合协议。目前大部分以太坊游戏选择了迁移到 Layer2 网络，不过仍然有部分游戏选择在 Solana、Flow 等高性能 Layer1 区块链上进行开发。

（八）游戏开发商

游戏开发商位于 Web3.0 游戏生态的基础层，它们不仅是游戏开发者，通常还是 Layer1 区块链或者 Layer2 扩展方案的开发者。例如，Dapper Labs 不仅开发了加密猫等风行一时的 NFT 游戏，还开发了 Layer1 区块链 Flow，而 Axie Infinity 的开发商 Sky Mavis 后来又开发了以太坊侧链 Ronin。

第四节
Web3.0 社交

一、从 Web2.0 社交到 Web3.0 社交

（一）Web2.0 社交概述

网络社交已经成为人们生活中不可分割的一部分。根据 We are

第三章
Web3.0 应用生态

Social 的 2022 年报告[①]，截至 2022 年 4 月，全球有 46.5 亿活跃社交媒体用户，占全球人口的 58.7%。在互联网上，社交互动必须依靠特定的网络媒体和通信工具，即社交应用程序。例如，国内的 QQ、微信、微博、抖音，海外的 WhatsApp、脸书、Instagram、推特、油管（Youtube）等。

实质上，这些应用程序都是基于即时通信技术开发的具有不同表现形式的社交应应用程序。它们之间的差异在于社交关系的强弱和社交方法。根据这些应用程序中一般社交关系的强度和社交方法，它们通常可以分为两种类型的社交应用程序。

第一类是即时通信，它们的主要特点是即时通信和能够维持强大的社交关系。在 QQ、微信和 WhatsApp 中，具有社交关系的双方被称为"朋友"，通常指关系比较密切的人，例如，家人、同学、朋友、同事等。这些相关人员形成了用户的通讯录，即时通信更加强调点对点的交流和互动。

第二类是内容创作，其主要特点是社交内容创作，通过内容留住用户并为平台创造更大的价值。在微博、抖音和推特中，没有"朋友"的概念。内容制作者是明星、网络红人和主播。这些社交应用程序是公众人物和 KOL 展示自己的舞台。他们和他们的内容订阅者之间的关系非常微弱，平台必须足够开放，以便促进观点、图片、文章、视频等内容

---

① We are social. DIGITAL 2022: ANOTHER YEAR OF BUMPER GROWTH[EB/OL].[2022-12-26]. https://wearesocial.com/uk/blog/2022/01/digital-2022-another-year-of-bumper-growth-2/

189

的传播。

在实际社交应用中,即时通信和内容创作通常是集成在一起的,但是它们的重点不同。例如,微信除了即时聊天功能外,还有公众号功能来进行内容创作。推特和油管除了推文和视频创作外,也支持点对点私聊功能。

除了上述社交应用之外,我们还可以看到一些基于社交应用的创新玩法,例如:

社交 + 电商 = 直播带货、微信商务、拼多多;

社交 + 资讯 = 公众号服务;

社交 + 服务 = 服务号、小程序;

社交 + 娱乐 = 游戏、短视频;

社交 + 教育 = 内容付费。

可以看出,当前的 Web2.0 社交应用基本上已经成熟,用户非常依赖这些社交应用,但这些社交应用也存在一些缺点。对于 Web2.0,互联网社交平台通常通过获取大量个人数据进行精准营销来获得利润,而这些利益并没有在创建者和用户之间公平分配。然而,新兴的 Web3.0 社交应用却相反,希望构建让用户完全掌控自己数据使用权的社交应用。

(二)Web2.0 社交的局限

Web2.0 社交媒体平台存在以下几个缺点。

数据所有权问题:Web2.0 的中心化平台将用户数据和创作者内容

视为其核心的"数据资产"和"数据壁垒";但对于用户来说,他们基本上没有对数据的控制和管理权。例如,如果脸书和推特想禁用您的账户,您不仅会失去在这些平台上的创意内容和粉丝,更重要的是,您可能没有任何上诉的途径。这给用户带来了很大的不安全感。

数据隐私问题:所有数据都存储在公司的中央数据库中,并由中心化平台进行管理,这可能会带来数据泄露的风险。值得一提的是,各种社交平台基本上都在未经用户知情的情况下收集用户数据。

收入分配:例如,互联网上的主要盈利方法之一是广告。平台主要依靠创作者的内容流量和用户数据来获得广告收入,但只有其中很小一部分的收入流向了创作者和用户。

（三）Web3.0 社交的解决方案

基于区块链技术的 Web3.0 社交网络提出了旨在解决上述问题的三个价值主张。

1. 资产所有权

Web3.0 社交的数据所有权归其创造者而非平台所有,其货币化可以通过直接发行同质化代币或非同质化代币来实现而不需要依赖广告这种间接的货币化方式。

2. 开放数据和身份

Web3.0 社交网络会为每位用户提供开放性的链上数字身份,Web3.0 社交用户可以通过链上身份与各类 Web3.0 应用进行交互。

3. 可组合的生态系统

Web3.0 社交网络所依托的智能合约平台为 Web3.0 社交应用提供了高度的可组合性。

二、Web3.0 社交生态

根据技术架构以及客户情况，可以将 Web3.0 应用和协议分为基础设施、中间件、应用、工具这四个细分赛道。

下文将对这四个细分赛道和代表性项目进行分析。

（一）基础设施

大部分 Web3.0 社交应用都是基于通用智能合约平台进行构建的，比如以太坊、Solana 等公链或者 Arbitrum 这样的 Layer2 解决方案。不过，Web3.0 社交应用通常对带宽、交易速度以及存储成本的要求比较高，而通用智能合约平台往往难以满足。所以，致力于匹配 Web3.0 社交应用特定需求的定制化开发平台应运而生，这些平台通常在一定程度上牺牲了去中心化，从而换取了更高的性能与更低的存储成本。

> 代表性项目：DeSo
>
> DeSo 是一种专门为 Web3.0 社交而构建的 Layer1 区块链，DeSo 起初采用混合 POW 共识机制。

第三章
Web3.0 应用生态

> 作为社交应用定制链，DeSo 采用了适用于社交应用的核心交易模式，在网络级别上定了基础的社交应用操作，例如，发帖和用户资料维护及 NFT 交易等。此外，DeSo 还引入了创作者代币 DESO、社交消费机制 Diamonds 以及同质化代币交易机制。
>
> DeSo 将除了视频与原始图像外的全部社交内容存储在链上。
>
> DeSo 的定制化模式有利有弊，一方面它能够提升交易速度、降低存储成本，但另一方面它脱离了以太坊繁荣的应用生态，不利于生态的发展。

（二）中间件

中间件位于 Dapp 和区块链节点之间，可用于执行各种任务，例如，管理用户账户、签署交易、处理加密和解密、管理缓存等。中间件层抽象出与区块链交互的复杂性，并提供一个简单、统一的接口，开发人员可以使用它来构建去中心化应用程序。中间件通过提供抽象层使开发人员更容易与区块链交互，在简化去中心化应用程序开发方面发挥着关键作用。

社交中间件将成为 Web3.0 社交生态中最具有网络效应的领域，未来也将在规模和估值方面成为最具影响力的赛道。代表性的社交中间件包括 Lens Protocol、Farcaster 等。

> 1. 代表性项目：Lens Protocol
>
> Lens Protocol 是最知名的 Web3.0 社交协议之一，由 DeFi 借

贷龙头 Aave 背后的团队开发。Lens Protocol 构建在以太坊侧链 Polygon 上，可以与现有以太坊生态系统互动，其所有内容、互动和用户资料都存储在链上，具有以下特性。

不可伪造。用户资料、帖子，甚至是关注的人都被铸造为 NFT。NFT 标准的互通性，使得 Lens 上的用户内容及社交关系可以很容易地在其他平台上访问和显示，而无须额外的技术整合。

有效的货币化。社交 KOL 可以通过一次点击出售其帖子或个人数据。

内置的可组合性。Lens Protocol 提供的 SDK 允许 Web3.0 社交应用开发者多样化的构建方式。比如，开发者可以改动"关注"模块，增加收费机制或者投票机制。

目前，已经有 50 多个建立在 Lens Protocol 上的应用程序，约有 6 万个持有人（Lens handle）。

2.代表性项目：Farcaster

Farcaster 是一个建立在以太坊之上的去中心化社交网络，其创始团队包括前 Coinbase 高管 Dan Romero 和 Varun Srinivasa，目前已获得了 A16Z 领投的 3 000 万美元。

Farcaster 采用链上 + 链下混合架构，用户的身份信息存储在链上，由以太坊保障其安全性、可组合性和一致性。用户通过以太坊地址来控制其身份，并通过身份来对用户信息进行加密与签名，同时存储在用户控制的服务器上（Farcaster Hubs）。数据没有存储在链上的原因是大多数 Layer1 和 Layer2 网络上的结算成本太高且速度太慢。

Farcaster 采用了类似于 Web2.0 社交平台的设计，降低了 Web2.0 用户的进入门槛，不过其用户的身份、数据及社交图谱都是基于区块链的，所以仍然是去中心化的。

Farcaster 的用户可以建立并同时操作多个账户，而每个账户对应唯一的一个数字，被称为 Farcaster ID 或 Fid。Farcaster ID 可以通过调用 Farcaster ID Registry（FIR）从以太坊地址中获得。这个地址称为托管地址，可以代表账户签署离线和在线消息。用户可以选择从 Farcaster Name Registry（FNR）获取 Farcaster 名称或 fname，该注册处颁发独特的指定，例如，@alice。Fid 可以理解为用户的链上身份，而 FNR 则是其社交可读身份。

Hub 是用于验证、存储和复制已签名消息的服务器，需要全时在线。Farcaster 用户可以选择一个 Hub 并使用 FIR 在链上发布其 URL。他们的 Followers 可以使用此 URL 找到并下载他们的消息。与此同时，用户也可以自行运行 Hub 或使用第三方托管服务。

社交应用是与 Farcaster 中间件进行交互的自托管程序，通常有独立的桌面客户端或移动客户端，并直接与 Farcaster Hub 进行通信。用户可以通过社交应用发布新消息并查看其他 Fid 发布的消息。

(三)Web3.0 社交应用

前文介绍了基础设施类的 Web3.0 社交项目。本部分会介绍社交应用类的 Web3.0 社交项目。

社交应用是 Web3.0 社交生态的必要组成部分，包括专用区块链以及中间件协议在内的 Web3.0 社交基础设施只有通过社交应用才能获得 C 端用户的采用。Web3.0 社交基础设施都在积极培育其应用生态，并且大部分协议都在努力建立自己的应用程序。

1. Web3.0 社区

除了社交类应用外，其他项目都在利用在线社区来开发私域流量空间。Web2.0 社区未能满足人际网络和创作者 – 粉丝互动的需求，这导致现在的消费者更愿意被动地观看抖音上的短视频，而不是主动地与微博或微信上的朋友互动。此外，算法推荐短内容的商业模式更注重广告收入而非粉丝版税，这导致粉丝经济的低效运行。

Niche 是用 NEAR 构建的 Web3.0 社区，Niche 向加入特定社区的人发行所有权代币。它还允许艺术家、作家或音乐家等创作者发行代表他们作品的 NFT，团体成员可以购买和转售这些作品。由于 DAO 是一种智能合约，因此可以构建在平台上创建和交换的金融代币，以便 Niche 从销售额中分得一小部分。Niche 通过对积极的参与行为进行激励，让用户之间建立真正的密切的联系。

2. Web3.0 即时通信

去中心化社交应用的目标不仅仅是将 Web2.0 用户纳入 Web3.0。一些项目开始挖掘 Web3.0 原生的社交场景，例如，围绕代币、交易和投资组合的社区讨论。目前这类社交场景主要发生在 Discord 和 Telegram 上。

切换成本是 Web3.0 消息应用推广所面临的最大挑战之一。对于普通用户来说，Discord 上或许充斥着各种乱七八糟的消息，但它仍然很方便。然而，对于项目方和社区管理者而言，黑客和诈骗的盛行是相当棘手的问题，因为黑客能轻易地毁掉人们对整个项目的信任和声誉。而 Web3.0 技术栈实现了可验证身份，或将改变网络交流的模式，尤其是在交易、借贷等金融活动方面。目前这一领域仍处于发展初期，预计未来会出现更多的新兴创新，为用户带来坚实的增值。

在这一领域中，Nansen Connect 是一个典型的应用程序。Nansen Connect 试图成为加密社区讨论投资的首选平台，同时又没有 Discord 频道的垃圾邮件。该产品的特点包括基于 Nansen 标签的用户分析以及频道的自动代币门槛，以保障用户的交易相关对话的安全。Nansen Connect 目前处于封闭的 Beta 阶段，对一些社区开放，团队计划引入更多的 Nansen 功能。

（四）工具

有必要对社交应用和社交工具进行区分，以突出那些利用 Web3.0

的互操作性，并将其产品设计成可在不同平台和区块链上移植的项目。

1. 代币化工具

代币化的社会活动和身份是 Web3.0 的一种表现形式。Rally 和 Roll 是社交代币领域的领导项目。

Rally 是一个致力于社交代币化的平台，创作者可以在其中铸造自己的品牌代币（称为创作者代币），并将其分发给他们的观众。这些创作者代币代表了一种社会资本形式，允许粉丝和支持者投资并表达对他们最喜欢的创作者的忠诚。通过持有创作者代币，粉丝可以获得创作者生态系统内的独家内容、特权和投票权。

Roll 为创作者和社区提供发行和管理社会资金的基础设施。社交代币是每个创作者或社区独有的一种去中心化货币形式，允许他们创建自己的品牌代币并在其粉丝群中建立繁荣的经济体。这些代币可用于各种目的，例如，访问独家内容、参与社区活动，甚至作为更广泛生态系统中的交换媒介。

2. 社区工具

社区驱动的工具与独立应用程序的功能不同，它们作为后台管理社区在各种应用上存在。在这个领域，头部的项目包括会员管理工具 Guild 和集体投资工具 Syndicate。

Guild 是一款自动化会员管理工具，可帮助 DAO、创作者和 KOL 管理社区访问，并提供独家奖励或激励。社区管理员可以使用 Guild 指定链下（如推特关注者、GitHub 贡献者）和链上（如 NFT、代币）数据的访问要求。他们可以授予角色，并向符合条件的人授予特定权限作为奖励。鉴于 Guild 的目标受众的多样性，该团队正在努力支持更多的集成和潜在用例，预计它将最终成为由社区管理的通用中间件层。截至 2022 年 9 月，Guild 已经拥有超过 200 000 名注册用户。

Syndicate 是一种集体投资工具。与 Web2.0 相比，Web3.0 社交应用程序可以使资产管理流程更加协作、透明和连贯。Syndicate 通过将去中心化身份（DIDs）和 NFT 与投资 DAO 相结合，降低用户的集体投资门槛，并引入了一种基于关系的新投资模式。2022 年 9 月，Syndicate 推出了"Collectives"，这是一个基于 ERC-721M（其中"M"代表"模块化"）构建的社交网络和社区建设的原创产品，将 ERC-721 转变为链上社交网络和社区平台。该产品优先考虑可组合性和资本化的网络，这是团队从 Web3.0 的角度看到的最独特的两个价值主张。截至 2022 年 9 月底，Syndicate 已建立了包括大学团体和风险投资在内的 900 多个集体，吸引了超过 80 000 名用户参与封闭和公开测试。截至 2022 年 10 月，Syndicate 的累计投资已接近 4 000 ETH。

三、Web3.0 社交面临的挑战

（一）需要从经济激励驱动转向连接驱动

真正的社交只能发生在拥有相似背景、共同兴趣的用户之间，而目

Web3.0
构建数字经济新未来

前 Web3.0 社交与现实世界的社交还有很大的距离,其原因包括:

经济动机为主:目前,Web3.0 社交行为大多以投机为目的,由经济利益驱动。链上的社交数据并不是基于用户之间建立有效社交联系的行为。

用户真实性:社交是人与人之间的互动,而目前 Web3.0 社交用户是通过链上地址进行互动的。而目前链上地址仅包含交易历史和持仓资产等数据,这些数据无助于识别真实有效的目标用户,因此 Web3.0 社交的链接效率非常低下。

(二)Web3.0 数据的可组合性障碍

虽然 Web3.0 本身具备可组合性的潜力,应用程序也应该使用来自不同协议生成的各类数据模型,但实际上,每个协议根据自身的业务逻辑和操作需求定义了自己的数据和业务指标。仅仅获取和使用其他协议创建的数据模型和算法是不现实和不切实际的。事实数据,如浏览时长、门票多少和购买商品,以及业务层面的分析数据,如留存率和转化率,需要经过多个步骤才能得出。真正有价值的数据模型和业务指标是用于绘制用户画像和设计社交推荐、内容推送和目标营销算法的,它们可以优化产品和运营,推动业务扩张和用户增长。

(三)需要改进用户体验以加速用户采用

糟糕的用户体验严重影响了 Web3.0 社交应用的大规模采用。用户

第三章
Web3.0 应用生态

体验不仅涉及产品的外观，还涉及产品的工作方式、使用难度、交易速度，解决方案的可扩展性等多个方面。

Web3.0 社交应用使用了过多的行业术语，例如，airdrops、冷钱包、DeFi、钻石手、法定货币、硬分叉、Gas、哈希率、私钥、股权证明、种子短语、稳定币和智能合约等，对新用户很不友好。

普通的网络用户很难知道如何将区块链网络添加到他们的 Metamask 钱包、不同链之间的差异以及如何将代币转移到不同的网络。传统 Web 已经花费几十年的时间开发用户友好的解决方案，使得老一代人也可以直观地使用 Web。相比之下，Web3.0 的用户体验还有很大的改进空间，当用户体验普遍不如 Web2.0 时，很难说服用户转向 Web3.0。

（四）Web3.0 要解决真正的用户痛点，给用户带来前所未有的价值

去中心化数据和信息管理以及用户控制数据和内容所有权的叙述，虽然很吸引人，但对于大多数用户来说，实际上去中心化本身并没有直接的实用性或紧迫性。使用这些协议需要支付更高的费用，这使得用户在考虑使用 Web3.0 之前必须仔细权衡其成本和收益。相比之下，中心化平台可以承担交易和平台支持成本，包括存储、带宽、计算能力、产品开发和运营，并且可以利用它们收集的数据来实现货币化和支持平台的发展和维护。因此，Web3.0 仍需要一定时间才能找到其本地业务模型，这个模型应该与现有的 Web2.0 模型不同。到目前为止，我们还没

有看到商业模式创新的发生，但随着时间的推移，新的商业模式可能会出现，这些模式可以促进 Web3.0 的发展，并为用户带来更多的实用价值。

（五）数字身份是需要解决的关键问题

当前的 Web2.0 数字身份具有孤立和封闭的特点，由各个平台单独维护，用户缺乏完全的自主权。同时，由于传统社交网络平台一直在探索商业模式，这些平台会根据用户行为创建用户标签，并使用这些标签来向用户推荐内容、优化服务，并获得广告收入。用户的数字身份被打破并分散在多个社交网络平台上，其中一部分由这些平台（即用户标签）定义。在当前模式下，用户没有真正的在线账户，而是从公司和中心化组织租用账户。用户面临数字身份被黑客攻击、篡改、窃取或出售的风险。这种情况下，Web3.0 的去中心化数字身份可以解决这些问题，使用户能够完全控制自己的数字身份，避免数据被中心化平台收集和利用。此外，去中心化身份可以促进跨平台互操作性，用户可以在不同的网络上使用相同的数字身份，从而增强了身份的互操作性和可移植性。Web3.0 还需要克服许多技术和用户体验方面的挑战，才能更好地实现去中心化身份的目标。

第三章
Web3.0 应用生态

第五节
Web3.0 音乐

一、为什么需要 Web3.0 音乐？

（一）Web2.0 音乐产业链

进入移动互联网时代后，唱片、CD 等传统实体音乐形态走向衰弱，而流媒体音乐快速崛起，成为最主流的音乐载体，行业的主导权也从唱片公司逐渐转移到在线音乐平台手中，Apple Music、Spotify、腾讯音乐等音乐流媒体平台已经成为最重要的音乐分发渠道，流媒体服务的市场占比已经超过了 60%。

流媒体音乐的商业模式主要包括下述三种类型[①]。

广告付费模式： 广告付费是一种依赖于流量实现盈利的传统商业模式。在线音乐平台依靠庞大的用户群向广告商提供广告，并根据曝光量、点击量、交易价值等数据指标收取广告服务费用。

会员增值服务： 普通会员可以享受在线音乐播放和多个无损音乐下载；超级会员不仅享有普通会员的权利，还有免看广告、商城折扣、票

---

① 梁雨山. 全景式解读 NFT 音乐：市场现状、变革潜力、挑战 [EB/OL]. [2023-08-17]. https://www.coinvoice.cn/articles/24870

203

务特权、个性化界面设置等服务。

正版付费下载： 为个别特定音乐定制内容服务，目前包括单曲下载和完整专辑下载。

传统音乐产业链中，上游主要是音乐制作方，中游主要是以索尼、环球、EMI 和华纳为代表的唱片发行公司，下游则主要是代理商和各类消费者，如 QQ 音乐、网易云音乐以及听歌用户等。

Web2.0 音乐产业链主要由内容提供方（唱片公司、音乐人等）、渠道服务方（分销渠道、演出经纪人等）、音乐消费者这三方组成，其中还包括了多重中间商及复杂的价值链[①]。

音乐产业链的运行需要通过唱片产业链、版权产业链和演出产业链这三个子产业链来实现[②]。

唱片产业链： 唱片公司或音乐人将音乐作品灌制成实体唱片母带、CD 后或制作成数字音乐，随后出售给唱片发行商或音乐流媒体平台等渠道服务商，通过渠道服务商到达消费者。

版权产业链： 唱片公司或音乐人授权其音乐作品在电影、电视、无线广播等渠道播放，通过版税参与收益分配。

演出产业链： 唱片公司与经纪公司通过为歌手举办演唱会、获得演出机会或拍摄商业广告等方式获得收入分成。

---

① 子焘,0xRank.Web 3 音乐，对传统音乐产业链的实验性革新 [EB/OL]. [2023-04-03]. https://www.panewslab.com/zh_hk/articledetails/D49018742.html

② 文浩,张爽,蓝全.从腾讯音乐看在线音乐平台的困境与价值 [EB/OL].[2023-04-03]. https://www.36kr.com/p/1723055570945

其中，版权是音乐产业链的核心。音乐作品的完整权利通常可以分为四部分：作词方版权、作曲方版权、录音版权和歌手演出权，这四个参与方在歌曲发布后都享有版税收入，而制作人、编曲人、乐手等其他参与方只享有一次性结算收入。

（二）Web2.0 音乐的不足

Web2.0 音乐产业链中的层层中间商导致音乐创作者在权益分配上处于弱势地位，不透明的版权状况导致二次音乐创作授权难，而其复杂的价值链也导致了支付效率低下，这些问题都会制约音乐产业的发展[1]。

1. 多层代理，多级版权分配

音乐流媒体平台的收益主要分给平台和音乐公司等版权所有者，只有极少部分的收益分配给音乐创作者所属的公司。其收入分配存在严重不平等的状态，难以维护音乐创作者的权益，小歌手和小音乐家难以受益。如果歌词和音乐由多层代理，版税也将分层分配，作者手中的版税就会更少。

2. 支付效率低

歌曲的作词、作曲、编曲、制作、演唱等通常由不同的音乐人完成，版权归属和分配方式因角色、贡献、合约和法规等因素变得更为复杂，报酬支付效率极低，存在延迟收入和分配不透明现象，还常常引起

---

[1] MEKO CLUB. Web3.0 时代下的音乐产业洞察报告 [EB/OL].[2022-08-23]. https://foresightnews.pro/article/detail/12424

混乱和争议。

3. 盗版猖獗

数字音乐的边际成本几乎为零，盗版和违法成本低廉，致使盗版音乐难以禁止。中国的音乐版权方每年获得的收益仅占行业产值的约 2%，而在欧美、日本和韩国等发达国家，这一数字分别达到 70% 以上。

4. 创作者参与门槛高

歌曲的制作流程涉及音乐产业链各个环节，需要前期大量资金投入。此外，音乐宣发也需要投入大量人力、物力和财力，这是当前音乐创作者依赖公司和流媒体平台的根源。

5. 二次创作使用授权难

随着短视频行业的兴起，音乐产业从以往单纯的视听向使用音乐进行短视频、直播等"二次创作"转变。但即使购买专辑，用户也只有播放权，只能用于自己欣赏，没有获得对音乐作品进行"二次创作"的使用权。目前音乐版权的复杂性与不透明性也使得短视频博主们很难获得"二次创作"许可。

（三）Web3.0 音乐的解决方案

Web3.0 音乐是利用区块链技术构建的音乐产业链，具有以下特点：
①基于区块链技术构建底层协议，确保交易的安全性和可信度。
②数字音乐商品以音乐 NFT 的形式存在，并存储在分布式存储平

台上，确保音乐版权的唯一性和可追溯性。

③在去中心化音乐平台上发行和流转，不需要中间商参与，具有更高的透明度和公正性，保障音乐产业链的健康和公正发展。

④音乐消费者逐渐成为社区用户，可以享有更多的权利并参与平台共建，也能够直接分享 IP 本身的价值，实现音乐创作者与消费者的共赢。

Web3.0 音乐的核心是通过重构音乐产业链，提供更加透明、自动化、高效的价值分配系统，提高收益分配的透明度和便利性，促进信息的对称性。音乐家可以通过创作类项目或者音乐 NFT 市场直接将音乐转化为 NFT 并提供给下游消费者，实现音乐产业链的去中介化和公平化。

Web3.0 音乐是利用 Web3.0 技术打造的一种全新的音乐产业链，其具有如下创新点和优势。

①提高音乐产业链的透明度和效率：传统音乐行业中，音乐人很难了解自己的实际收益情况，同时中介分成和复杂的产业链也挤压了音乐人的利润。Web3.0 音乐通过建立基于区块链的底层服务协议，采用 NFT 形式存储数字音乐商品，实现去中心化的发行和流转，大大降低了中介分成，提高了透明度和公正性。

②实现版税的即时反馈：通过将音乐上链铸造成 NFT，音乐作品通过播放获得的版税能够透明且即时地反馈给音乐人，让音乐人更好地了解自己作品的收益情况，提高了其利益保障。

③加深音乐人与粉丝的联结：粉丝可以通过投资音乐人的 NFT 来投资艺术家的职业生涯，从而分享到音乐人成长的收益。NFT 也可以成为追溯粉丝忠诚度的一个凭证，成为音乐人回馈粉丝和吸引粉丝的重要工具。

④募资更便捷：传统音乐的发行模式通常需要高额的宣传和市场营销费用，而 Web3.0 音乐则通过 NFT 一级销售和赋能 NFT 等方式，提高了音乐人的募资效率，也让艺术家在作品发行流程中获得更多话语权，并在利润分配上获得更多份额，降低中间人的剥削收益。

总之，Web3.0 音乐的创新模式能够实现更加透明、自动化、高效的价值分配系统，提高收益分配的透明度和便利性，促进信息对称性，让音乐人、粉丝、投资人等各方面都获得更多的收益和利益。

Web3.0 音乐可以被视为生产关系的革新，NFT 则是其核心技术载体。NFT 可以简化音乐版权的交易流程，实现音乐版权的快速报价和交易，并将用户和听众纳入价值分配的环节中。传统的数字音乐拷贝和音频流只能用于播放，属于一种使用权，而 NFT 形式的音乐代表了一种所有权，甚至可以将该所有权与音乐的版权直接挂钩，让 NFT 的购买者也参与和获得版权收益。

除了完整版权，音乐 NFT 还可以探索将使用和改编权赋能于 NFT 上，通过市场交易快速实现音乐二次创作使用的授权。基于 NFT 的可编程性，音乐人可以开放音乐 NFT 的使用和混音权限，其他音乐人可以购买原音乐的版权，将其铸造成新音乐。Async.art 为此提供了服务。

基于 NFT 的音乐不仅用于播放，还可以拥有藏品、身份标签、制作素材、门票、财务权益凭证等多种功能，成为用户解锁丰富音乐服务的钥匙。例如，音乐活动组织 Live Nation 宣布推出 Live Stubs 项目，该项目为购买音乐会门票的歌迷提供免费的专属演唱会 NFT。该 NFT 未来可能用于访问官方歌迷俱乐部或 DAO 的专属通行证，访问该场演唱会的后台特别花絮；作为粉丝凭证，接受来自歌手所发行的粉丝代币的空投；作为盲盒使用，可以抽取歌手提供的其他权益，如下一场演唱会的前排座位、后台访问权限等，成为歌迷的身份标签，放置在链上身份的展示栏中等。

短期来看，Web3.0 为音乐产业带来了全新的价值分配机制，使音乐产业价值分配变得更透明、更公平，并将音乐消费者逐步转化为音乐权利人；长期来看，Web3.0 的新商业范式或许可以激活全新的音乐产品形态，NFT 或将成为未来主流的音乐载体。

二、Web 音乐赛道及代表性项目

Web3.0 音乐的主要赛道包括：音乐创作、版权交易、流媒体播放以及音乐社区和粉丝经济等。整个 Web3.0 音乐赛道还处于早期，项目融资也集中在种子轮，还有一些项目没有进行过融资[①]。

---

① Hashkey Capital. 音乐 NFT 平台报告：Web3.0 音乐试验，当音乐人不用再仅为爱发电 [EB/OL]. [2023-04-24]. https://www.web3sj.com/nftnews/3957/

Web3.0
构建数字经济新未来

（一）流媒体（streaming）

音乐流媒体是音乐人与消费者之间沟通交流的桥梁，然而在中心化的 Web2.0 流媒体平台上，平台方在话语权与利益分配方面占据绝对优势，音乐人获得的收益与其贡献不相匹配。相比之下，去中心化的 Web3.0 音乐流媒体平台在治理方面更为民主，在收益分配方面也更为公平，同时能够通过代币经济设计更有效的激励方式来激励音乐人进行音乐创作。

Audius 是 Web3.0 音乐流媒体的代表性项目，它为用户提供了低门槛的参与方式。Audius 在用户体验方面接近 Web2.0 音乐流媒体，用户可以用邮箱直接登录，不需要通过加密钱包。不过如果用户没有加密钱包的话，Audius 会为用户生成一个基于 Hedgehog 加密钱包的 AUDIO 代币地址。

Audius 产品的功能包括点赞歌曲、转发歌曲、关注音乐人、创建歌单、上传音乐等，与传统的 Web2.0 音乐播放器相似。Audius 的所有功能都免费，使用门槛低且流畅，这使其成为目前最受欢迎的 Web3.0 音乐流媒体平台。

截至 2022 年 9 月，Audius 平台拥有超过 250 000 名艺术家和 100 万首歌曲，月活跃用户达到 750 万。值得注意的是 Audius 用户只有不到 10% 拥有 Metamask 钱包，这说明其用户主要是传统的 Web2.0 用户[1]。

Audius 平台代币（AUDIO）在 Audius 协议生态系统中具有三个

---

[1] Kate Irwin. How Web3.0 Music Platform Audius Hit 7.5 Million Monthly Users[EB/OL].[2023-04-26]. https://decrypt.co/110710/how-web3-music-platform-audius-hit-7-5-million-monthly-users

第三章
Web3.0 应用生态

功能：安全、功能访问、治理。AUDIO 被抵押作为增值服务的抵押品，例如，操作节点或参与治理。作为交换，利益相关者可以获得持续发行、治理权重和独家功能。未来，AUDIO 将通过网络中的价值转移来管理其全球费用池，提供原生代币以协调所有参与者创造 Web3.0 独有的平行激励，并且允许其早期采用者分享 Audius 的增长收益。Audius 社区希望确保 AUDIO 始终流向最具附加值的参与者。这是通过使用链上指标作为衡量标准的持续发行来完成的，以更好地将分配路由到活跃的参与者，而不是简单地分配给那些押注最多 AUDIO 的人。

Audius 目前的主要问题在于平台对创作者的代币奖励价值不高，而且平台自身还没有建立有效的盈利模式，AUDIO 的价值也缺乏支撑。为了解决这一问题，Audius 计划在未来支持音乐作品收费，并允许音乐人发行个人代币来获得收入，此外还计划将 90% 的平台收入分配给平台创作者，10% 分给节点，平台零抽成。

（二）音乐 NFT 交易平台

音乐领域的 NFT 交易平台基本遵循其他 NFT 市场的模式，但其差异化的关键在于用户体验、IP 影响力以及代币经济模型的设计。

1. 代表性项目之一：Sound.xyz

Sound.xyz 是其中具有代表性的平台，如图 3.3 所示。Sound.xyz 上的音乐作品收听是免费的，音乐 NFT 通常在 0.1ETH 左右。

211

Sound.xyz 主打社交属性，通过对音乐 NFT 进行碎片化降低了购买门槛，持有音乐 NFT 碎片的用户的头像会根据其购买顺序显示在 Audience 中。此外，Sound.xyz 还有一个独特功能，音乐人可以在其音乐作品的某个时刻设置彩蛋，评论过该作品的用户中评论时间最接近指定时间的用户会收到音乐人赠送的特有 NFT。这个平台在业务上取得了很好的成绩，已经吸引了多家知名投资机构，如 a16z、FlamingoDAO 和 TheLAO。

平台首次发布于 2021 年 12 月。截至 2023 年 4 月 18 日，已经有超过 10 万首音乐 NFT 被铸造，其中 2023 年 2 月铸造量达到了 21 298 首，创平台上线以来新高，平台上收藏者超过 1.4 万人，一级市场累计交易量达到 445 万美元，二级市场累计交易量达到 580 万美元[1]。

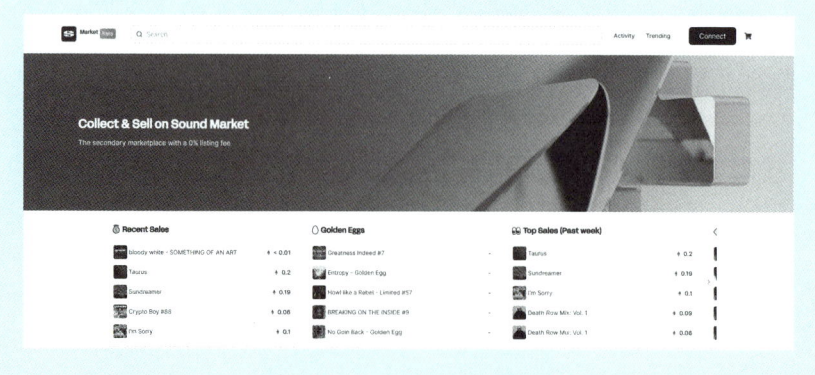

图 3.3　Sound 交易市场

来源：Sound.xyz。

---

[1]　数据来源：https://dune.com/nicoelzer/sound-xyz.

第三章
Web3.0 应用生态

2.代表性项目之二：Pianity——有特色的经济机制

Pianity 是基于 Arweave 的去中心化音乐 NFT 交易平台，提供包括即时交易和拍卖在内的一级市场交易和二级市场交易服务。

Pianity 通过对流动性进行代币奖励（平台代币为 PIA）来激励普通用户积极进行交易。每周一级市场购买 NFT 数量 top3 用户、二级市场购买 NFT 数量 top3 用户、购买额 top3 用户、出价次数 top3 用户、邀新数量 top3 用户都将获得代币奖励，分为 2 000 PIA、1 000 PIA 和 500 PIA 三个等级。

除了 top3 之外，在平台上购买 NFT 的其他用户也会根据其买入额占比获得奖励，以激励所有用户参与购买。Pianity 将审核权下放到了社区，PIA 持有者可以投票决定音乐作品的上架。每天 waitlist 中社区投票排名第一的音乐作品可以上架铸造成 NFT。

（三）二次创作 & 生成音乐平台

二次创作通常是指用户在平台上已有的或其他用户上传的音乐作品的基础上进行再次创作。生成音乐是指用户购买了单个音轨后再组合成新的音乐，生成音乐的出现增加了音乐创作领域的可组合性，进而丰富了音乐创作的玩法，为 Web3.0 音乐赛道带来了更多可能性与想象空间。

1.代表性项目之一：算法生成音乐平台 EulerBeats

EulerBeats 是一个去中心化的生成音乐平台，结合了生成音乐、视觉艺术和区块链技术。每个 EulerBeats NFT 都是一个独特的视听作品，由 30 秒的音乐循环和视觉艺术作品组成。EulerBeats 的独特之处在于，每个片段都是通过算法生成和程序组成的，这意味着没有两个 EulerBeats 是完全相同的。

创建 EulerBeats 背后的过程涉及一个称为 Euler 的 Totient 函数的数学公式，该函数用于推导每个乐曲的音乐结构。通过为各种参数（如每分钟节拍数、拍号和音调）分配不同的值，该算法会生成范围广泛的音乐变化，从而产生多样化的视听体验。

除了生成方面，EulerBeats 还结合了区块链技术，特别是以太坊区块链，以确保每个 NFT 的稀缺性、来源和所有权验证。EulerBeats 的每一件作品都被标记为 NFT，这意味着它作为区块链上的独特数字资产存在，其所有权和交易历史记录得到安全记录。

EulerBeats 的版权模式也很有特色。每个 EulerBeats NFT 的初始定价都相对较低。然而，随着该 NFT 的每次后续销售，价格都会自动翻倍，从而导致其价值不断升值。这种独特的机制激励早期采用者，同时随着时间的推移创造出越来越稀缺和有价值的收藏品。

2. 代表性项目之二：可编程音乐平台 Async.Art

Async.Art 引入了"可编程音乐"的概念，用户可以在其中创建、收集和销售可编程和生成的艺术和音乐 NFT。Async.Art 打破了许多创作者面临的技术障碍，并允许所有背景的艺术家参与 Web3.0 空间。

用户可以借助其提供的 Async Canvas 工具，无须任何编码知识即可创建面向未来的交互式艺术和音乐。该平台为音频和视频创作者提供简化的解决方案，以制作创新的 NFT，包括 1/1s 和整个系列。我们鼓励艺术家在 NFT 领域进行实验和突破界限。

Async Blueprint 是 Async.Art 上的无代码生成艺术模板。艺术家可以使用它来创作生成艺术，包括但不限于 PFP 项目。蓝图从单一来源获取不同的元素，通过随机算法生成独特的版本。

每个版本都具有一组稀有特征，这些特征将在铸造时与艺术品一起显示。收藏家甚至可能幸运地抽到传奇版，这是艺术家创作的一种罕见的静态或动画艺术品，通常只占藏品的不到 1%。

Async.Art 引入了"分割所有权"或"层所有权"的概念，其中音乐 NFT 可以分为很多单独的音轨，每个音轨由不同的收藏家拥有。这种独特的所有权结构允许数字音乐的协作和共享所有权，使收藏家能够参与创作过程并能够定制他们自己的艺术品版本。这个开创性的概念为合作、策展开辟了新的可能性，甚至为音乐人和收藏家带来了持续的收入来源。

（四）版税、粉丝经济

Web3.0 获得音乐版税的主要方式有两种。一种是限量发行类似黑胶唱片的稀有原盘 NFT，在复制原盘的过程中，原盘持有者可以不断地获利。另一种是艺术家向粉丝众筹，将艺术家的线下版税收入按比例分配给粉丝，粉丝相当于对艺术家进行了投资，并共享了艺术家的作品，粉丝与艺术家之间形成了新的合作关系，粉丝不再仅仅是传统的消费者，而是投资者。这种关系对于艺术家来说非常有益，因为他们可以获得更多的有效粉丝，除了共享版税之外，还可以提供其他实现福利的方式。

1. 代表性项目之一：Eulerbeats

上文提到的 Eulerbeats 在版权模式上对其他音乐 NFT 具有启示意义。Euler Record 是 Eulerbeats 发行的限量版的基于欧拉数和欧拉总函数的算法生成的艺术 + 音乐作品。Genesis（27 个 NFT）和 Enigma（27 个 NFT）是 Euler Record 的两个系列。这两个系列具有共同的数学基础，但在艺术、音乐和联合曲线结构方面有所不同。每个原始 NFT 都有一组有限的复制品，按联合曲线定价，买家可以在购买前预览。每个 Genesis 原盘的可复制的副本上限设置为 119 个，每个 Enigma 原盘的复制上限设置为 160 个。

任何收藏家都可以根据联合曲线上设定的价格公式购买副本。随着特定原盘的流通副本数量的增加，发行下一张副本的价格以指数速度增长。

所有 EulerBeats Original 持有者将获得他们所拥有的原盘的每张复制品价格的 8%。特许权使用费会自动支付，因为它们被编入智能合约并且无法更改。除了特许权使用费，原盘的持有者还拥有完全的商业权利。一些 Genesis 原始所有者已经与其他项目进行混音和合作。

根据联合曲线可以看出,副本在初始阶段的价格会非常低,而到最后一个副本时,Genesis 的价格预计会达到约 721 ETH,而 Enigma 则达到约 53 ETH。

持有原盘就获得了相应的商业使用权,可以对原盘进行商业开发获取更大利益。购买副本实质上是做多原盘,而副本销售得越多则副本价值越高,从而原盘市场价值也越高。所以原盘所有人与副本所有人之间形成了共同利益,可以形成社区共同对原盘进行商业运作。

2. 代表性项目之二:Royal

Royal 是一个构建在 Polygon 上的去中心化音乐版税市场,致力于建立音乐人与其粉丝之间的直接联系。

Royal 允许音乐人将其在 Spotify 和 Apple Music 等音乐流媒体上发布的音乐作品的版税进行拆分,铸造成一系列的版税 NFT 再出售给粉丝或投资人。持有版税 NFT 就可以在未来获得版税分成,版税 NFT 分为不同级别,对应不同的分成比例。此外,NFT 持有人还可以享受其他优惠。

音乐人可自行对其版税 NFT 进行分级,并确定分配给各级别版税 NFT 的比例。例如,音乐人 Nas 将其歌曲"Rare"的版税 NFT 划分为 Gold、Platinum、Diamond 三个等级,每个等级的版税 NFT 都具有不同的 NFT 数量、交易价格、分成比例以及特定权益。

> Royal 是由知名音乐人 DJ 贾斯汀·布劳（Justin Blau）创立的，所以拥有丰富的音乐版权资源。

（五）Web3.0 音乐社区

音乐社区具有天然的凝聚力，虽然音乐社区目前发展还尚不成熟，但已经是 Web3.0 音乐赛道中不可或缺的人才基地，持续用 Web3.0 的方式培养人才、发展社区、创新商业模式。

Songcamp 是具有代表性的音乐社区。

Songcamp 是一个类似黑客松的 Web3.0 音乐创作活动，于 2021 年 3 月开始启动，每年会举办两次活动。参与活动的音乐人会分组在规定时间内进行音乐创作，活动期间创作出来的作品会铸造成 NFT 进行销售，购买 NFT 就可以获得相应作品的独家收益和版税分成。

第六节
Web3.0 数据中间层

一、如何理解 Web3.0 数据

在区块链领域，数据一直扮演着至关重要的角色。例如，一条公

第三章
Web3.0 应用生态

链上的数据对于二级市场投资和公链自身的运营具有重要的参考价值。公链数据具有天然的公开性和完整性，通过使用这些数据可以避免搭建节点所需的投入成本，这也促进了 Coinmetrics、Chainanalysis 等 Web3.0 数据平台的崛起。

基于交易所数据进行行情分析也是不可或缺的，所以Coinmetrics、Tokenanalyst、Skew、Coingecko、Kaiko 等行情数据网站应运而生。然而，由于交易所数据通常不对外公开，许多数据提供商目前采取手动或算法标注交易所链上地址来源的方式来监控交易所的充提币活动。

Dapp 数据是当前加密市场新兴的领域之一，开发者需要持续关注市场趋势及竞品数据变化，从而及时调整其产品的开发策略，所以就需要追踪 Dapp 数据及排名情况以了解用户偏好，并多维度分析 Dapp 的数据指标，针对性地优化产品体验。

过去的一个痛点是几乎所有公链上的智能合约状态以及 Dapp 产生的区块链数据通常缺乏易于访问的数据接口，因此很难将数据转换为可读的格式。大部分信息以事件触发等逻辑机制的形式存储，呈现为日志形式，例如，某钱包地址的代币余额。

换言之，许多项目方和开发者需要一种能够从基础数据源中查询、获取和转换数据，并以可直接在应用程序中使用的格式存储数据的服务。市场中过去非常缺乏这类产品和服务。根据 Multicoin Capital 的数据统计，尽管以太坊网络的日交易记录不足 100 万条，但开发者查询以太坊 Laas 平台 Infura 的频率超过 100 亿次 / 天，但该平台并不提

Web3.0
构建数字经济新未来

供索引服务。虽然以太坊官方客户端 Geth 和 Parity 可以满足部分需求，但它们没有提供搜索功能，也无法扩展以进行大规模查询。

那 Web3.0 是如何重塑数据价值的呢？主要有三个方面[①]。

1. 让数据公开透明且不可篡改

各类 Web2.0 应用通过提供免费服务来获取用户数据，然后通过数据垄断来获利，并建立自己的商业壁垒。这些数据存储在中心化服务器上，外部无法访问，也无法知道哪些数据被存储、以何种方式和颗粒度被存储。一旦这些应用程序遭受攻击或主动结束服务，用户的数据可能会在一夜之间消失。在基于区块链技术的 Web3.0 网络中，链上数据变得公开、透明且不可篡改。这为更好地使用这些数据提供了前提条件。

2. 打破数据孤岛，提升互操作性

当使用一个新的应用时，需要反复进行注册流程，这是 Web2.0 数据孤岛对用户侧负面影响的最直观的表现。由于各个应用程序都有自己独立的数据库，相互割裂，无法打通，因此导致了这种重复采集。用户的行为数据也相应地分散在不同的 Web2.0 应用中，无法整合，也不能跨平台复用。而在 Web3.0 网络中，用户理论上只需要一个链上地址就可以与各种 Web3.0 应用交互，这个地址所发生的所有链上交互数据都可以被组合起来使用，无须任何应用程序的许可。

---

① SevenX Ventures. 详解 Web3.0 数据赛道：结构层次、代表玩家和发展趋势[EB/OL]. [2022-12-26]. https://foresightnews.pro/article/detail/7123

3. 通过代币经济实现更好的价值分配

在 Web3.0 的世界里，如何将数据的价值分配给产生数据的个体是一个重要的议题，代币经济的不断演进可能成为实现这种价值合理分配的核心手段。代币经济的发展可以让用户更好地分享数据创造的价值。用户与 Web3.0 应用之间的交互行为所产生的数据都是价值的载体。在这种环境下，数据的种类和数量呈指数级增长，这是由多链宇宙的成型、各种应用的爆发、NFT 的蓬勃发展和新用户的大量涌入所带来的。需求的多维度和复杂性也让许多有创意的场景和机会围绕着数据的获取、整理、访问、查询、加工和分析催生出来。

二、Web3.0 数据赛道分析

Web3.0 数据赛道的结构可以被划分为四个层次，分别是最底层的数据来源，第二层的数据查询 & 获取，第三层的数据索引和最顶层的数据分析与应用（如表 3.1 所示）。

表 3.1　Web3.0 数据赛道的四个层级

第一层：数据来源	DeFiLlama, Dextools, Layer1Beat, NFTGO, DeepDAO
第二层：数据查询 & 获取	The Graph, Dune Analytics, Covalent, Footprint Analytics
第三层：数据索引	Alchemy, Infura, QuickNode
第四层：数据分析与应用	链上数据（Layer1 区块链、分布式存储网络），链下数据（CEX、Web2.0 数据）

Web3.0
构建数字经济新未来

（一）第一层：数据来源

整体上 Web3.0 网络的数据来源可以分为链上和链下数据。

链上数据主要包括钱包地址、转账交易、智能合约事件、区块链相关数据（例如，哈希、时间戳等）以及保存在缓存中的数据。这些数据被分布式数据库所维护，其可靠性由区块链的共识机制来保障。

此外，分布式存储也是链上数据的主要来源，目前主要集中在 IPFS、Arweave、Storj 等协议上。这些协议使用点对点的方式存储数据，使得数据更具可靠性和安全性。

链下数据则主要包括 CEX 数据、社交平台数据、GitHub 数据以及日活跃用户数量、月活跃用户数量、页面访问量（PV）、独立访问用户数（UV）、下载量等 Web2.0 数据。这些数据被存储在中心化的服务器上，安全性和可靠性存在较大风险。

在过去三年中，数据的种类越来越多，数据规模呈指数级增长。然而，就数据来源而言，目前仍存在三个问题。

首先，Solana 等公链采用轻节点模式，导致链上数据不完整。

其次，数据规模与传输性能之间的矛盾使得存储层容易拥堵，一个普通的 NFT 原始文件可能需要下载数小时。

最后，链下数据无法保证其真实性，需要进一步拓展数据维度来解决这个问题。

（二）第二层：数据获取

在链上数据赛道中，提供基础设施的节点服务商是目前最早也是最主要的参与方之一。

要想通过自建节点获取链上数据需要投入大量的资金、时间与技术投入，并可能面临技术风险和运营风险。相比之下，节点服务商大大降低了上述门槛。开发者在选择服务商时主要会考虑链的覆盖数量、商业模式及附加服务的多样性，例如，是否提供类 CDN 服务、是否能访问 mempool 数据、是否提供私有节点等。此外，2020 年 11 月 Infura 的节点宕机事件，使得去中心化程度也成为选择服务商时的标准之一。例如，2020 年 11 月，Infura 未运行最新版本的 Geth 客户端，导致一些特殊交易触发了该版本的客户端漏洞，进而导致 Infura 宕机并引发一系列连锁反应，包括主流交易平台无法充提 ERC-20 代币和 Metamask 无法使用等问题。去中心化也是选择服务商时需要考虑的因素之一。

目前，Infura、Quicknode、Alchemy 和 Pocket 等头部节点服务商已经成为独角兽。

（三）第三层：数据查询＆索引

数据查询＆索引服务商通过对原始数据的解析与格式化，让其变得更易于访问和使用。主流数据查询＆索引服务商有 The Graph、

Covalent、Dune Analytics 等。

1.The Graph

The Graph 是一个去中心化的数据索引协议，用于索引和查询以太坊、IPFS 以及其他 Web3.0 数据源的数据。它提供了一个开放的 API，让任何人都可以基于它来创建和发布索引数据。这为开发者提供了一种更加方便的方式来获取区块链数据。

The Graph 于 2020 年 12 月上线了其主网，并支持对 30 多个不同网络的数据进行索引，包括 Ethereum、NEAR、Arbitrum、Optimism、Polygon、Avalanche、Celo、Fantom、Moonbeam 和 Arweave 等。

The Graph 网络涵盖四类不同的生态角色。

消费者： 他们需要支付查询费用。

索引者： 他们运行节点并获得查询费用和节点奖励。

策展人： 他们通过存储 GRT 代币来指明哪些子图值得被索引。

委托人： 他们将代币质押给节点以获得收益。

The Graph 的运作机制可以简单地概括为三个步骤：

首先，The Graph 会监听以太坊上执行的交易事件。

其次，当 The Graph 收到需要更新子图的事件时，会根据子图的定义从链上抓取数据并将其处理后存储在数据库中。

最后，前端用户可以使用 GraphQL 的方式向 The Graph 获取数据。

在 The Graph 协议的运作过程中，GRT 代币具有两个主要的用途。第一个用途是索引器质押，索引器可以质押 GRT 代币以便被查询市场发现，并在执行工作时提供经济安全性。第二个用途是策展人信号，策展人可以将 GRT 代币质押到策展市场中，预测哪些子图对网络具有价值，并因正确预测而获得奖励。

用户可以使用 ETH 或 DAI 进行查询。但是最终的结算将使用 GRT 代币进行，以确保整个协议使用一种通用的账户单位。

2.Covalent

Covalent 提供去中心化的数据查询层服务，用户可以通过 API 快速调用数据。目前，Covalent 已经支持 Ethereum、BNB Chain、Avalanche、Ronin、Fantom、Moonbeam、Klayth、HECO、SHIDEN 等主流区块链网络查询。

Covalent 不仅支持区块链全体数据类型的查询，例如，交易、余额、日志类型等，也支持对某个协议的数据查询。其中最突出的特点是跨多链查询，无须重新建立类似于 The Graph 子图的索引，只需改变 Chain ID 即可实现。该项目也拥有自己的代币 CQT，持有者可以将其用于抵押和为数据库做出贡献等事件投票。

3.Dune Analytics

Dune Analytics 是一个综合性的 Web3.0 数据服务平台，提供海量链上数据的查询、分析和可视化。该平台通过解析以键值数据库保存的链上数据，并将其集合到 PostgreSQL 关系型数据库中，用户无须编写脚本，只需使用简单的 SQL 语句即可进行查询。Dune Analytics 提供原始交易数据表、项目级数据表和聚合型数据表三类数据表。

Dune Analytics 鼓励数据共享，所有的查询和数据集都是默认公开的，用户可以直接复制他人的仪表板作为参考。目前，Web3.0 领域的顶尖数据分析师都聚集在 Dune Analytics 平台上。该平台目前支持以太坊、Polygon、Binance Smart Chain、Optimism 和 Gnosis Chain 的数据查询。2022 年 2 月 Dune Analytics 完成 B 轮估值 10 亿美元的 6 942 万美元融资后，已经成为一家独角兽公司。

（四）第四层：数据分析与应用

这一层直接面向最终用户，包括个人用户和其他类型的 C 端用户，提供可以直接使用的数据产品服务，为用户提供直接的数据价值。这一层的参与者按照数据类型大致可分为：针对链上交易、代币价格、DeFi 协议、DAO、NFT、安全、社交等的数据产品。同时，也有越来越多的项目专注于某一类数据，旨在成为更综合的数据分析平台。

1. 区块链浏览器

区块链浏览器或许是最早的数据应用层产品，允许用户通过浏览器网站直接搜索链上信息。可访问的数据包括链上数据、区块数据、交易数据、智能合约数据、地址数据等。

2. Glassnode & Messari & CoinMetrics.io

这三个平台都是区块链数据和信息提供商，使投资者能够从不同维度查看链上数据和交易情报。他们还发布市场分析见解和研究报告。

3. Token Terminal

该项目允许用户使用传统的财务指标，如 P/S 比率、P/E 比率和协议收入来分析 DeFi 项目。目前还支持对 NFT 交易市场的分析。

4. DeFiLlama

DeFiLlama 数据分析平台支持对 107 个 Layer1、Layer2 网络以及近千个 DeFi 协议的数据分析。用户可以从不同指标和不同时间段的角度来查看区块链网络以及协议的数据。目前，DeFiLlama 还支持对 NFT 的分析，重点分析不同链上不同交易市场的交易量和收藏类型。

5. NFTSCan 和 NFTGO

NFTSCan 和 NFTGO 是专注于 NFT 市场的数据平台，提供数据分析、巨鲸钱包监控等服务。旨在帮助用户更好地评估 NFT 项目和资产的价值，使他们能够做出明智的投资决策。

6. Nansen

Nansen 是一个以"标签"为核心的数据分析平台，也是目前 Web3.0 数据分析和应用领域最著名的项目之一。通过分析超过 5 000 万个以太坊钱包地址的行为，并结合包含数百万个标签的数据库，Nansen 提供了可帮助用户发现信号和新的投资机会的分析工具。Nansen 的数据分析不仅限于钱包地址，还包括了代币交易、DEFI 协议、DAO 和 NFT 等多个领域，使得它成了一个多功能的数据分析平台。

7. Footprint

Footprint 是一个综合性的链上数据分析平台，旨在帮助用户发现和可视化链上数据。相比其他数据平台，Footprint 对于新手用户来说更加直观和友好。该平台提供了丰富的数据分析模板，并支持一键分叉，使用户可以轻松创建和管理个性化仪表板。同时，Footprint 标记钱包地址及其在链上的活动，为用户提供具有丰富维度的数据指标，以帮助他们做出投资决策。

8. DeepDAO

DeepDAO 是一款综合数据平台，专注于提供各种 DAO 组织的相关数据。它提供了一系列的数据指标，包括国库数量和变化、国库代币分布、治理代币持有量、活跃成员、提案、投票状态等，帮助用户更好地了解 DAO 组织的运营情况。除此之外，DeepDAO 还提供了许多有用的工具，帮助用户创建和管理 DAO。无论是对于新手还是有经验的用户，DeepDAO 都是一个非常直观且易于使用的平台。

代币经济学

第四章 | CHAPTER 4

Web3.0
构建数字经济新未来

第一节
代币与代币经济学

一、代币及其分类

（一）代币与 Web3.0

代币是 Web3.0 世界中的一个基本概念，在促进去中心化交易和实现新形式的数字交互方面发挥着至关重要的作用。

代币本质上是一种加密货币形式，可以在区块链网络上创建、管理和传输，并在各种去中心化协议和去中心化应用中进行交易、交换和使用。与比特币或以太坊等主要用作价值储存或交换手段的传统加密货币不同，代币具有更广泛的用例，可以代表各种资产，例如，虚拟商品、现实世界资产，甚至独特的数字收藏品。

Web3.0 中的代币通常使用智能合约创建，智能合约是在区块链上运行的自执行程序。智能合约允许开发人员指定管理代币行为的规则和

第四章
代币经济学

条件，例如，代币的总供应量、转移方式以及可以使用代币执行的操作。通过使用智能合约，代币可以被编程为具有广泛功能的代币，使其具有高度的通用性和可定制性。

Web3.0 中代币的主要好处之一是它们可以实现去中心化的资产所有权和控制权。通过利用区块链技术，代币可以在各方之间安全透明地转移，而无须中介或中央机构。这使得创建以前不可行的新形式的去中心化市场、数字社区和创新应用程序成为可能。

综上，代币是一种强大的工具，可以在 Web3.0 中实现新形式的经济活动和去中心化治理。随着生态系统的不断发展和新用例的出现，代币将成为去中心化网络的重要组成部分。

（二）为什么需要代币？

目前市场上已经上线的 Web3.0 项目大多都发行了代币，而 Web3.0 项目之所以发行代币主要出于经济和治理结构两方面的原因。

经济方面，代币有助于为 Web3.0 项目筹集资金，并带来其他融资方式无法获得的额外好处。与股权融资相比，代币融资的一个显著优势是它允许早期贡献者或采用者参与投资并分享收益。代币的这种包容性和积极社区治理的潜力对于项目的创始人和投资者来说都是说服他们投资的一个重要因素。早期用户或采用者的潜在优势对于营销来说也是一个非常有利的工具，这可能是我们看到越来越多的代币分配给早期采用者的原因之一。此外，智能合约允许开发者将代币经济机制写入代币合约，这意味着代币在本质上更具动态性，并能提供更多的用例，因此在分析任何项目的代币经济学时，需要考虑更多的变量。

在结构方面，代币可以成为治理的重要支柱，并且可以成为去中心化协议的有效工具，最常见的是 DAO 结构。代币还可以确保激励一致性，包括基础设施提供商、用户和开发团队在内的所有各方都能从中受益并有动力保持增长。

（三）代币的分类

Web3.0 中的代币可以根据其用途和底层技术进行分类，每种类型的代币在去中心化生态系统中都有特定的功能。以下是 Web3.0 中一些常见的代币类型。

*加密货币：*这些是用作交换媒介的代币，类似于传统货币。示例包括比特币（BTC）和以太坊币（ETH）。

*实用代币：*这些代币提供对去中心化平台上特定产品或服务的访问。例如，Basic Attention Token（BAT）用于访问 Brave 网络浏览器的广告和内容平台。

*安全代币：*这些是代表现实世界资产所有权的代币，例如，公司或财产。证券型代币受监管要求约束，可以在许可的证券型代币交易所进行交易。

*NFT：*这些是代表特定数字资产所有权的独特代币，例如，艺术品或收藏品。NFT 通常用于游戏和虚拟世界。

*治理代币：*这些代币允许持有者参与去中心化组织或协议的决策过程。治理代币通常为其持有者提供投票权或其他特权。

二、代币经济学概述

（一）代币经济学是什么？

代币经济学是对管理去中心化生态系统中代币行为的经济原理的研究。在 Web3.0 的世界中，代币经济学是设计和运营去中心化应用程序和区块链网络的一个重要方面。

代币经济学包含一系列经济概念，包括供需、通货膨胀、通货紧缩、激励和治理。它还涉及代币分配机制的设计和实施，例如，初始代币发行（ICO）、空投和质押。

代币经济学的核心是代币本身，它代表特定区块链生态系统中的资产或实用程序。代币通常是使用智能合约创建的，这使开发人员能够将特定规则和行为编程到代币合约中。例如，代币可以设计为具有固定供应量、通货膨胀或通货紧缩、具有特定的分配机制，并在特定的 Dapp 或生态系统中授予持有者某些权利或利益。

代币经济学的一个关键方面是创建激励机制，使区块链生态系统中所有利益相关者的利益保持一致。这些利益相关者包括代币持有者、开发者、"矿工"、验证者和用户。通过设计激励积极行为和阻止消极行为的代币经济学，区块链网络可以培育出一个繁荣的生态系统，让所有参与者受益。

代币经济学也可以在区块链网络的治理中发挥关键作用。通过使用代币作为投票机制，代币持有者可以在升级、协议变更和影响网络的其他重要决策的决策过程中拥有发言权。

总的来说，代币经济学是 Web3.0 的重要组成部分，它可以创建去中心化经济和新的经济活动形式。通过设计符合所有利益相关者利益并创建繁荣生态系统的代币经济学，区块链网络可以开启新的创新和价值创造水平。

（二）代币经济学的核心要素

代币经济学的核心要素涉及在区块链平台上创建和分发原生代币，以及建立促进其采用、流通和价值的激励机制，需要从供应和需求两方面进行分析。

1. 代币供应方面

影响代币供应的因素主要包括：代币分配、归属期、释放速度以及流通比例。

代币分配

代币分配是指代币如何在项目团队、开发者、私募销售、公募销售、用户等各类参与方之间分配。这可以包括通过开发、质押或其他奖励机制进行的初始分配和持续分配。代币分配可以设计为促进去中心

第四章
代币经济学

化，防止权利集中在一小部分利益相关者之间，并确保公平公正地分配代币。

根据币安研究院的研究，过去几年代币公开销售的比例一直在下降，取而代之的是对于早期采用者、开发者的分配日渐增加，对生态参与者的激励能够更好地激励市场参与者做出贡献。

归属期

"归属期"是指代币在进行初期配售后被限制销售的一段时间，通常也被称为"锁定期"。代币的持有者类型和项目目的通常会影响归属期长度的确定。一般来说，归属期可以分为两种主要类型：基于时间和基于触发条件。基于时间的归属期从事先约定的日期开始，而基于触发条件的归属期通常是在代币生成事件、主网启动或代币上市后开始。这种限制销售的措施旨在保持代币购买者的一致性，并防止价格大幅波动。这可能来自早期投资者在项目初始阶段倾向于销售。此外，这还意味着投资者可以在主要代理封面计价波动时保持稳定。锁定和归属期的重要性不可低估，据 ST Howell 等人研究，高层管理人员持有代币的决定与行权时间表可以降低代币失败的可能性。

排放率

代币的排放率指的是加密代币的释放速度。通过计算排放率（或销毁率）及其变化方式，你可以计算出代币未来可能面临的相对通胀（或通缩）压力。代币的货币政策由排放、销毁和其他影响供应的管理行为组成，不同项目的货币政策差异很大。

代币的排放量通常作为区块奖励的一部分分配给保护链的"矿工"或验证者。一些项目还会通过通货膨胀来补贴增长，并向生态系统激励措施或战略合作伙伴发行代币。通过基本的供求规则，我们可以解读这种增长战略的预期结果。

排放也可能是交易费用的结果，交易费用可以被销毁或有时奖励给验证者（或两者的某种组合）。根据网络使用情况，如果发生足够的销毁，它可能会压倒区块奖励的通货膨胀效应，从而对代币造成通缩压力。例如，BEP-95 在 Bruno 升级中为 BNB 所做的工作，以及 EIP-1559 在伦敦硬分叉中为以太坊所做的工作。

交易费用的销毁是一种有趣的代币机制，可以作为将排放和网络使用联系在一起的有效方式，在高使用率时实现通货紧缩，在其他时候实现通货膨胀。当与定期和预定的代币销毁相结合时，例如，BNB，整体效果可能非常显著，并且该机制可以成为代币价值增长的重要补充。

流通市值和完全稀释估值（FDV）

代币的流通率即流通市值，流通市值只考虑了当前流通供应量，而 FDV 还考虑了代币的最大供应量，即 FDV= 代币的最大供应量 × 当前市场价格。这仅适用于具有固定供应量的代币，如比特币或 BNB。对于没有供应上限或具有固定初始供应量的代币，FDV 可以根据治理进行更改。

大多数顶级项目的流通市值和 FDV 值大致相似。例如，比特币的流通市值约为 4 060 亿美元，而 FDV 约为 4 460 亿美元，这表明预期

第四章
代币经济学

的稀释程度不过分,并且通胀压力是可控的。

当流通市值和 FDV 之间存在巨大差异时,就会出现问题。这意味着未来会有大量供应,即代币的显著通货膨胀和抛售压力。高 FDV 数字所代表的估值将在某个时间点被解锁,因此了解代币的发行时间表至关重要。

当然,大量供应尚未上市并不会完全摧毁整个项目。如果代币具有强大的效用,市场很有可能吸收额外的供应,估值不会受到严重影响;因此在分析代币经济学时,需要综合考虑多种因素,而不是孤立地看待。

2. 代币需求方面

代币需求在代币经济设计中的重要性容易被低估,加密市场中的投机者往往更关注代币经济学中的供应方面,而真正的 Web3.0 用户和 HODL[①]更重视代币需求方面,因为没有需求的代币是缺乏内在价值的。

代币需求的影响因素主要包括代币治理功能、收益分配以及代币效用。

治理功能

在代币经济学中,治理扮演着至关重要的角色。透明、健康的治理有助于提供良好的代币使用场景并推动对代币的需求。原生代币可用于管理协议,有助于区分不同的协议,并为社区提供安全保障。例如,如果有恶意投票者试图破坏项目的价值,他将毁掉自己的财富。

---

① HODL 是指坚定持有代币,在加密货币社区中流行的术语。——编者注

去中心化治理主要通过DAO实现，通常采用逐步去中心化的方式。在项目创建初期，创始团队实施中心化治理，随着社区奖励的分配，治理权利逐渐分配出去，实现去中心化。对采用DAO治理的项目来说，了解团队和市场各自拥有多少投票权至关重要。即使采用DAO模型，将太多权利集中在团队手中的项目也会创造出不利的环境。

目前，大多数加密项目选择以DAO的形式组织。这种结构有其自身的好处和风险。这些项目中的大多数不仅选择了DAO结构，还选择了"一币一票"系统。然而，在极端情况下，这可能导致财阀政治和低参与率。现在越来越流行的是投票托管（ve）模式，它允许对锁定的代币有更高的投票权，目的是赋予长期持有者权利。

总的来说，这两种方法（一币一票和ve）都有助于协调社区，并允许灵活和适应性的行为，相比传统的组织结构更加灵活。

收益价值

在考虑为代币创造需求时，一个重要的方面是协议与其用户之间的利益一致性。通过正确的代币分配，实现协议与用户的利益一致性，可以鼓励项目的参与和发展，从而创建一个具有高活动水平的可持续生态系统。

对于采用POS共识机制的Layer1区块链的内生代币而言，收益价值主要体现在staking收益上；对于Web3.0协议而言，收益价值主要体现在参与对协议收入的分配上。

第四章
代币经济学

代币效用

考虑需求时,代币的效用因素可能是最为重要的。一个项目的效用可以驱动需求,即有多少用户想要购买一个代币。例如,通过提供问题解决方案、拥有忠诚和参与的社区以及其他创新功能,项目的需求可能会增加。

> 代币的潜在效用可以包括以下方面:
>
> *权利*:代币可以赋予人们参与协议的权利,这可以有多种形式。最常见的是治理权,允许对项目的方向性进行更改和投票。此外,它们还可以授予人们对协议的访问权限,并允许其使用产品或提供所有权。
>
> *价值交换*:代币的使用可以创造"迷你"经济体,通过允许买卖以及对工作和承诺的奖励来促进经济的创造和存在。
>
> *通行费*:代币让参与者、投资者和用户参与游戏。通常,保证金或使用费有助于在运行智能合约平台或协议时设置进入壁垒。
>
> *功能*:代币可以通过允许用户加入网络、参与游戏,与用户和其他参与者联系,甚至可以激励他们参与。
>
> *货币*:无论是游戏还是 DeFi 协议,代币都可以作为价值储存和交换媒介的货币形式。

因此,代币的效用是引领需求的一个关键因素。通过为用户提供有用的功能和服务，代币可以获得更广泛的接受和需求。

三、代币经济学的作用

（一）生态系统激励

代币经济学可以用于调整 Web3.0 用户的激励机制。为了使 Web3.0 协议或应用能够实现良性循环，首先需要确定生态中每类参与者的哪些行为应当得到激励，其次是设计适当的代币激励机制来有效激励参与者的行为。在流动性开发兴起之后，有很多 Web3.0 项目在设计代币经济时提供了过多的流动性开发奖励，牺牲其长期利益来换取短期的虚假繁荣，结果导致了项目后继乏力，这是糟糕的代币设计的典型案例。

代币由专门的智能合约管理，用户只需要信任合约代码。代币分配周期不宜过短（建议为 5~10 年），以保证激励的长期性。

代币激励的分配比例应当与协议使用情况挂钩，例如，当平台交易量增加时，应分配较多的代币；当平台交易量减少时，应分配较少的代币。

生态激励的场景包括：

①活动奖励。

②贡献奖励。

③流动性开发奖励。

④ staking 奖励。

⑤合作伙伴。

⑥空投。

(二) 引导网络效应

代币是一个强有力的工具，能够有效地激励 Web3.0 生态系统的参与者。在加密货币被发明之前，Web2.0 应用需要投入大量的营销预算，才能吸引足够多的用户，从而使它们的网络能够形成一定的网络效应，并产生足够的价值，以便吸引更多的新用户。如今，加密项目可以通过代币激励的方式鼓励用户增加网络效用，从而实现网络效应。

第二节
代币设计框架

一、代币设计的基本原则

代币经济学实质上是基于代币的分配和激励机制，所以代币设计最重要的就是要确定代币分配与激励的基本原则，在基本原则的基础上，开发者或者治理方可以根据 Web3.0 项目的特点来设计相应的激励机制。Jump Crypto 的卢卡斯·贝克（Lucas Baker）与尼哈尔·沙阿（Nihar Shah）提出了代币设计的两个基本原则：提供公共物品、激励与贡献相匹配[1]。

（一）提供公共物品

优秀的代币经济的首要原则就是能提供公共物品。出色的设计必须能解决集体行动问题，能够有效地激励各参与方共同提供那些个人无法提供的服务。

Web3.0 生态中的公共物品类似于现实中的国防、公共交通等公共产品或服务。合理的公共利益设计一般具有以下特性：

净收益为正： 整个生态的收益大于成本。

难以私有化： 个人提供该物品是难以实现或者是不经济的。

（二）激励与贡献相匹配

出色的代币经济设计能够让各参与方获得的奖惩激励与其贡献高度匹配，从而有效地激励价值创造。

对各参与方的奖励、惩罚可分为两部分：一致部分与非一致部分。例如，对验证者作恶行为的惩罚是一致的，而相比之下，对随机验证者

---

[1] Lucas Baker, Nihar Shah. Token Design for Serious People[EB/OL]. [2023-04-26]. https://jumpcrypto.com/writing/token-design-for-serious-people/.

的奖励是不一致的。

尽管该原则在理论上看似简单，但在实践中却远比想象中更为复杂。首先，由于多个参与方共同承担系统内的交互，归因问题往往难以精确测量。其次，许多关键行动的回报需要较长时间才能显现，例如，社区赠款分配和长期伙伴关系的建立，这使事先设计明确的激励措施变得异常困难。尽管如此，我们仍然认为这是协议建设者必须致力于实现的一个关键原则。

此外，薪酬的一致性原则和长期价值的最大化之间存在密切关系。在协议设计者需要在优化短期目标和长期效益之间做出选择时，实践中通常会出现两种趋势。

具有"一致性"的奖励机制可以激励参与方进行长期投资或承担长期风险等长期行为；相反，"不一致"的激励机制会鼓励雇佣资本的参与，引发短期投机行为，一旦奖励耗尽，就会发生趋势逆转，进入恶性循环，摧毁项目的长期价值。

二、代币设计新趋势

（一）协议拥有资产（POA）

每个协议必须明确如何向代币持有者分配价值，其中一种值得推荐的框架是协议拥有资产（POA）。该框架下，协议将赚取的费用分配给项目的财库和开发人员。POA 中的资产由治理代币持有者控制，他们可以通过治理过程释放它们。财库中的资产支撑治理代币的内在价值。由于治理代币还为代币持有者提供无形价值，因此治理代币通常以相对于 POA 价值的溢价进行交易。

将价值保留在财库中允许代币持有者通过自动复利来维持他们在协议中的现有份额。如果价值直接分配给个人代币持有者，则需要手动重新存入分配以保持相同的头寸规模。此外，直接分配通常需要增加代币持有者的会计工作量。

（二）自主供应流动性（APL）

Zach Zukowski 在 Borderless Capital 上提出了一种新型的价值分配方法，称为自主供应流动性（APL）。该方法将协议赚取的代币发送到国库，并与另一种代币（例如，稳定币）进行配对，并将这对代币作为流动性添加到自动做市商（AMM）中。这种方法不仅可以增加项目代币的流动性，也能够让 POA 增值并产生收益。此外，自动将国库资产转化为治理代币的流动性可以消除让治理代币直接兑换 POA 流动性的要求，因为代币持有者总是可以通过在 AMM 上出售他们的代币来获得更多价值。相比于 OlympusDAO 协议拥有的流动性，APL 无须外部市场参与者向 POA 提供自己的流动性，因为 POA 本身永久地提供自己的流动性。

（三）多代币模型

我们建议在大多数情况下，仅发行一种代币。过多的代币可能会使市场难以确定哪种代币会增值，并降低协议的品牌价值，因为没有一种明确的品牌投资方式。通常情况下治理代币同时也是使用代币。在某些情况下，单独使用一种代币用于特定活动是有意义的。

"治理代币+稳定币"是比较常见的代币模型。在这些模型中，治理代币用于将协议的所有权分配给用户，提高协议的年收益率（APY），同时激励治理代币持有者抵押代币以获得奖励。这创造了一个良性循环。例如，Folks.Finance、Tinyman 和 Humble 等许多 DeFi 协议使用"治理代币+存款证明代币"来实现与其他 DeFi 应用程序的可组合性。在这个模型中，协议为存款人提供代表他们存款的新铸造代币，然后可以将其用作其他 DeFi 应用程序的抵押品，而治理代币允许参与者分享来自 DeFi 协议费用的治理金库的好处。

"固定供应的治理代币+可变供应的燃料代币"是另一种常见的多代币模型，经常用于玩赚（P2E）游戏。例如，Alchemon 使用一个控制金库的治理代币（AlcheCoin），并通过抵押 Alchemon aNFT 获得，以及一个在游戏过程中铸造并燃烧以获得购买力的无上限游戏内货币代币（AlcheGold）。

（四）veToken 经济模型

veToken 经济模型是由 Curve 引入的一种代币经济模型。

在 veToken 代币经济中，代币持有人锁定其持有的 CRV 代币，然后它会转换为具有协议治理权利的 veCRV。锁定期并不固定，代币持有人可以决定要锁定他们的 CRV 多长时间，最长为 4 年。代币持有人持有的 veCRV 数量会随着时间的推移在其锁定期内呈线性衰减。这鼓励持有者周期性地重新锁定他们的 CRV 以获取最大的治理和奖励。veToken 经济模型主要的创新点在于它如何创建加权投票和加权奖励。此外，一旦代币持有人将其 CRV 转换为 veCRV，其 CRV 将被锁定在指定的时间段内。就像在其他协议中一样，你无法提前退出你的资产。

假设比尔和艾丽斯各有 100 个 CRV。比尔决定将他的 CRV 锁定 2 年，而艾丽斯锁定了 4 年。尽管他们最初拥有相同数量的 CRV，但艾丽斯将获得比尔获得的两倍数量的 veCRV，这意味着艾丽斯将获得比比尔多两倍的治理投票权和奖励。

图 4.1 说明了代币持有人如何锁定他们的代币以增加他们的投票权和对协议现金流的要求。

veToken 经济模型解决的主要问题之一是一币一票的问题。在非 ve 模型下，"巨鲸"可以购买大量代币以获取短期治理和收益奖励，除了短期价格以外，他们没有参与游戏的其他利益。一个协议可以购买数百万美元的竞争协议代币，给可怕的提案投赞票，然后抛售代币。在 ve 模型下，这种巨鲸操纵行为的效果要小得多，因为他们的投票不像长期持有者的投票那样有价值。如果一个协议或"鲸鱼"想在另一个协

第四章
代币经济学

veToken

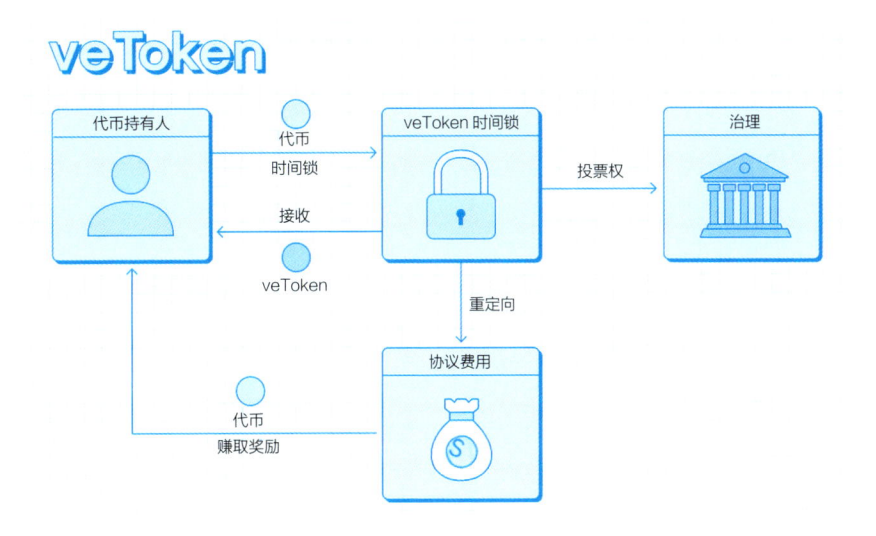

[图示:代币持有人 → 代币时间锁 → veToken 时间锁 → 投票权 → 治理;veToken 时间锁 → 重定向 → 协议费用 → 代币赚取奖励 → 代币持有人;veToken 时间锁 → 接收 veToken → 代币持有人]

图 4.1 veToken 运行机制

议上获得重要影响力,他们必须锁定自己的代币一段时间。现在,他们的代币被锁定,这创造了一种动力,使他们以最符合协议利益的方式行事。Curve 战争是这一点的最好例证。

此外,选择最长锁定期的协议的铁杆支持者将比一币一票模式下的投资者拥有更大的发言权。这些铁杆支持者将获得比短期投机者更高的收益和被动收入。只要协议持续运转,持币者就会理解他们将在可预见的未来获得被动收入,而不是在不确定的协议之间跳跃。

Web3.0 展望

第五章 | CHAPTER 5

Web3.0
构建数字经济新未来

第一节
从 DID 到去中心化的社会

当前的数字身份系统存在多个方面需要改进的问题。其中一个主要问题是碎片化，个人在不同平台上拥有多个身份，导致个人身份识别的准确性和连续性不足。此外，隐私和安全也是令人担忧的问题，因为个人通常需要提供敏感信息来建立数字身份，如果这些信息在未经同意的情况下被滥用或共享，可能导致身份欺诈和金融犯罪。另外，对数字身份的中心化控制也引发了很多关注，少数公司或组织掌控着数字身份，这可能导致用户对自己的身份缺乏掌控权。

区块链技术可以为这些问题提供不同的解决方案，通过使用私人钱包，允许个人通过证明对特定代币或 NFT 的所有权来验证其数字身份。将资产和信息存储在区块链上可以提高数字身份的准确性和可靠性。基于区块链的身份使个人能够将多个在线身份整合为一个统一的、具有自我主权的实体，使他们对自己的数字身份拥有控制权和自主权。CyberConnect 是一家致力于建立去中心化社交图谱协议的公司，他们

第五章
Web3.0 展望

使用 Web3.0 状态代币（W3ST）和网络连接配置文件（ccProfiles）为用户提供可组合的、自我主权的身份解决方案。

数字身份也可以在不使用代币或 NFT 的情况下创建和管理。比如 Disco 和 Orange Protocol 等几个基于以太坊的项目使用去中心化标识符（DID）和验证凭证（VC）作为对灵魂绑定代币（SBT）的补充。当然，单一的解决方案可能不足以满足所有的隐私需求，要想获得最佳的安全和隐私，可能需要结合 SBT 等链上解决方案和 VC 等链下解决方案。此外，也应在开发更好的数据存储解决方案方面取得进展，该方案需要提供隐私和部分去中心性，并在不同身份层之间进行无缝整合。

有了 Web3.0 身份，用户将能够轻松地找到、连接，甚至与其他有类似兴趣的人建立有门槛的社区，例如，利用相同的 DeFi 协议、拥有 NFT 或玩区块链游戏。这种新的身份形式也可以与现有的身份系统整合，创造一个无缝和可互操作的数字身份，开辟一系列商业机会。

去中心化的社交网络在整个一年的黑客马拉松中一直是增长的趋势，40% 的获奖项目都属于这个类别。Lens Protocol 有 60 多个项目完全是从黑客马拉松中分离出来的，围绕社交图谱进行了各种尝试。Farcaster 和 DeSo 分别在这种巨大的兴趣中筹集了大量的资金。今年，我们可以期待看到基于区块链社交应用的初步发展，这些应用通过使用共享的社交图谱来利用网络效应。

第二节
低门槛钱包获得广泛采用

加密钱包在提升 Web3.0 应用的采用度方面能起到至关重要的作用。

随着 Web3.0 的普及和基础设施的不断完善，终端用户对用户体验和安全性的要求越来越高。而对于普通用户而言，私钥管理及签名协议等复杂问题仍然存在挑战，解决普通用户面临的钱包密钥管理和签名认证等复杂问题的方案正变得越来越受重视。Web3.0Auth 是有代表性的一个解决方案，Web3.0Auth 通过多方计算（MPC）技术，使用户不再需要助记词，实现了用户的非托管登录。

随着移动设备的广泛普及，钱包开发者应将移动服务作为优先考虑以吸引更多用户。加密钱包 Coin98 通过加强移动交易的安全性和提升用户体验获得了快速增长，目前已拥有超过 600 万用户。

智能合约钱包是一种新的解决方案。这类钱包可以进行编程，具备消费限额、自动交易等功能，而且通过多重签名增强了安全性，从而满足了不同水平用户的需求。例如，Argent 提供了社交恢复与限价单功能，而非托管钱包 Safe 允许用户通过多重签名功能安全存储和管理数字资产。

此外，以太坊的账户抽象（AA）概念为智能合约钱包提供了新的

第五章
Web3.0 展望

发展空间。AA 旨在统一以太坊的 EOA 账户与 CA 账户。AA 的引入消除了 EOA 对私钥的需求，使账户能够像智能合约一样运行，为改进密钥管理和多重签名功能提供潜在的用例。

第三节
Layer1 将成为主流

在加密货币行情进入熊市之后，之前在上一轮牛市中表现出色的 Solana、Avalanche 等高性能公链受到了重创，其总锁定价值（TVL）急剧下降，同时许多知名项目也纷纷离开。

可扩展性不足已经成为限制 Layer1 公链应用生态发展的主要问题。目前的趋势表明，继承了 Layer1 安全性的 Layer2 解决方案将是解决可扩展性问题的最佳路径。我们认为以太坊的数个 Rollups 方案（Arbitrum、Scroll 等）、Avalanche 的子网和基于 Cosmos SDK 的应用链将成为承载 Web3.0 应用的主要平台。

对于 DeFi 领域而言，尽管 TVL 已从最高点的 2 000 亿美元下降至不到 400 亿美元，但随着市场的恢复、越来越多的加密用户和机构的参与以及基础设施的进步，我们预计这一数据将逐渐回升。随着第二层解决方案的不断完善，我们预计大部分第一层 DeFi 应用将逐渐迁移到第二层，同时还将出现许多原生的第二层 DeFi 应用。

尽管 DeFi 市场 TVL 距离高峰时的 2 000 亿美元相去甚远，不过随着 Web3.0 基础设施的进一步完善以及加密市场的反弹，加密机构与普通投资者开始入场，DeFi 市场 TVL 开始恢复。随着 Layer2 网络的日渐完善，大部分 Layer1 网络上的 DeFi 应用都会逐步迁移到 Layer2 上，同时 Layer2 也会诞生大量的原生 DeFi 应用。

在 Web3.0 游戏领域，Immutable X 与 Sorare 都在构建低门槛、零 Gas 费的 NFT 开发和交易平台，有望成为未来 Web3.0 游戏领域的重要基础设施。

根据当前 Layer2 发展的趋势来看，Arbitrum 将在未来几年继续领先。仍处于发展初期的 Arbitrum 的 TVL 已经超过了 Polygon、Avalanche 等上一轮牛市中大放异彩的 Layer1 公链。Arbitrum 的生态系统也在不断发展，除了 Uniswap、Curve、Sushiswap、Aave 等知名 DeFi 产品外，GMX 已经成长为市场上广受认可的永续合约交易平台，Rage Trade 正在打通不同区块链之间的流动性，Dopex 正在为用户构建简单易用的期权产品，而 Treasure Dao 正基于其活跃的用户社区构建繁荣的 Web3.0 游戏生态。

由于 ZK EVM 的技术进度低于市场预期，所以短期内 ZK Rollups 生态发展不宜过度乐观，不过随着 ZKP 技术的逐步成熟，未来 Layer2 市场格局会面临重新洗牌。

此外，以太坊"坎昆升级"将推出的"EIP-4844"能够大幅降低

Rollup 的 Gas 费用，有望进一步增强 Rollups 的竞争力。

第四节
LSD、RWA 及混合流动性 DEX 将成为 DeFi 主流叙事

一、LSD 将为 DeFi 提供稳定的真实收益以及无风险利率

2023 年 4 月的以太坊"上海升级"让 LSD 赛道成为加密行业的热点。LSD 全称 Liquid Staking Derivatives，即流动性质押衍生品。在实现"上海升级"之前，在以太坊共识层上质押的以太坊币无法解除质押从而恢复流动性，虽然之前就可以通过在 Lido、Frax、Coinbase 等流动性质押平台上质押 ETH 获得 stETH、FraxETH 这类 ETH 流动性质押衍生品，从而同时实现 ETH 质押收益与流动性，但是在"上海升级"之前 LSD 仍然存在较大的风险，例如，2022 年 6 月加密市场暴跌过程中，stETH 对 ETH 比价一度下跌至 0.85 以下。

不过在"上海升级"后这种风险大大减小，因而 LSD 赛道进入了快车道。目前以太坊的质押比例仍然不足 20%，而 Cosmos、

Avalanche、Polkdot 等 POS 公链的质押率普遍在 60% 以上；所以以太坊 LSD 赛道仍然有很大的增长空间。

LSD 的发展对以太坊 DeFi 市场而言有两重意义。

首先，LSD 为以太坊 DeFi 市场提供了庞大的、稳定的、可持续的真实收益。虽然 2020 年 DeFi 之夏中，DeFi 市场一度依靠其超高收益吸引了无数加密用户去参与 yield farming。之前 DeFi 收益主要有两个来源，杠杆借贷与 LP 收益，而这两个来源的收益都非常依赖市场情绪。只有在牛市背景下、市场交易火爆时才能获得高收益，因此，其稳定性很差。而 LSD 所提供的收益来自以太坊的质押奖励，具有高度的稳定性与可持续性。

其次，LSD 为以太坊 DeFi 市场提供了无风险利率。随着 ETH 的流动性质押比率的逐步升高，以及 LSD 在 DeFi 市场的渗透率提升，ETH 流动性质押的收益率将成为整个 DeFi 市场的无风险利率，未来整个 DeFi 市场的金融产品都会根据这个无风险利率重新定价。

二、RWA 将成为连接 TradeFi 与 DeFi 的桥梁

目前，加密资产的总市值在 1 万亿美元上下，而全球金融资产的市值则超过 487 万亿美元。现实世界资产（RWA）代币化蕴藏着极大的机会，有可能成为 DeFi 的下一个巨大叙事。

RWA 可以代表许多不同类型的传统资产（包括有形资产和无形资

产），如商业地产、债券、汽车，以及几乎任何存储价值可以被代币化的资产。从区块链技术的早期开始，市场参与者就一直在寻求将 RWA 引入链上。传统 TradFi 机构如 Goldman Sachs、Hamilton Lane 等正努力将自身的现实世界资产上链。此外，MakerDAO 和 Aave 等这类原生加密 DeFi 协议也正在作出调整，以与 RWA 兼容。

RWA 的上链入场对于 DeFi 市场的潜在影响几乎是变革性的。RWA 能为 DeFi 市场提供可持续的、类型丰富的、有传统资产支持的真实收益率。此外，RWA 能为 DeFi 嫁接起去中心化金融体系和传统金融体系之间的桥梁，这意味着 RWA 能为 DeFi 市场导入虚拟资产市场之外，还能为其带来传统金融市场的海量流动性、广阔的市场机会和巨大的价值捕获。如果 DeFi 想要对传统金融的运作方式产生影响，那么 RWA 的引入和实施至关重要。

RWA 的流程分为三个阶段。

链下包装（Off-Chain Formalization）： 要将现实世界资产带入 DeFi，首先必须在链下将资产进行包装使其合规化，以明确资产的价值、资产所有权、资产权益的法律保障等。

数据上链（Information Bridging）： 有关资产的经济价值和所有权及权益的信息在数据化之后被带到链上，存储在区块链的分布式账本中。

RWA 协议的需求和供应（RWA Protocol Demand and Supply）： 专注于 RWA 的 DeFi 协议推动了现实世界资产代币化的整个流程。在供应

端，DeFi 协议监督 RWA 的形成。在需求端，DeFi 协议促成投资者对 RWA 的需求。通过这种方式，大多数专门研究 RWA 的 DeFi 协议既可以作为 RWA 形成的起点，也可以为 RWA 最终产品的提供市场。

MakerDAO 是以太坊上的一个抵押借贷平台，可以说在 RWA 采用方面取得了最大的进展。MakerDAO 允许借款人将抵押资产存入"金库"，这样借款人就可以提取协议原生稳定币 DAI（基于美元计价）的债务。金库是一种智能合约，它持有借款人基于以太坊币的抵押品，直到所有借来的 DAI 都被归还。只要抵押品的价值保持在特定的阈值以上，就不会触发相关清算机制。然而，如果抵押品的价值下降到不足的地步，金库将通过拍卖程序自动清算抵押品，这样贷款就可以以一种无须信任的方式偿还。

借款人可以使用的抵押品类型由协议的治理 DAO——MakerDAO 来决定。2020 年，MakerDAO 投票允许借款人将基于 RWA 的抵押品发布到金库。除了这次投票，MakerDAO 还选择为 Oracle 预言机开发提供资金，以便平台上基于 RWA 的抵押品的价值可以与抵押品的链下价值无缝定价。

目前 MakerDAO 的 RWA 金库价值超过 6.8 亿美元。这意味着，通过 RWA 支持的贷款，MakerDAO 已经能够将发行到市场的 DAI 数量扩大。此外，这意味着有超过 6.8 亿美元的 RWA 帮助维持 MakerDAO 的 1 美元挂钩稳定性。

RWA 在连接 TradFi 和 DeFi 的方式上具有创新性。然而，为了使

第五章
Web3.0 展望

这一桥梁在长期内可行，除了适配 RWA 的公链需要发展以及宏观的市场环境之外，RWA 相关的政策监管有待得到进一步明确。这将是决定 RWA 发展的关键。

在今天的大多数国家，缺乏明确的法规来监管和管理现实世界资产的代币化。只有少数几个国家，如瑞士（承认虚拟资产为无记名资产）和法国（采用了 CAST 框架，这是一种使用底层区块链作为结算，同时保留链下登记的混合形式），采取了对 RWA 发展有益的监管规定，明确了协议应该如何将现实世界资产带入区块链。进一步的监管清晰度将促进 RWA 领域的持续发展和创新。

此外，保护 RWA 价值的执行机制尚未建立。考虑这样一个场景：借款人拖欠贷款，协议必须清算其 RWA 抵押品以偿还贷款人。鉴于底层资产抵押品不是流动性的 ERC-20 代币，清算这些资产以收回贷款人的资本可能比使用虚拟抵押品的贷款要麻烦得多。因此必须采用另一种为贷款方服务的清算程序。此外，也必须有一个链下的法律约束的执行机制，以确保借款人的清算过程得到最佳处理。

虽然在 TradFi 和 DeFi 之间架起一座桥梁的想法令人兴奋，但我们应该认识到，这座桥梁只有通过现实物理和数字领域之间的无缝法律、运营的协调才能实现。这种类型的协调需要在 DeFi 或 TradFi 故障的情况下，依然能够进行无缝的信息交换和良好执行的程序。

三、混合流动性 DEX 或将带来 DEX 的复兴

基于 AMM 机制的 DEX 是 2020 年 DeFi 之夏的核心叙事，也是上一轮牛市的重要推动力量，并在 2021 年上半年达到辉煌的顶点。随后 DEX 赛道由于缺乏创新和有吸引力的叙事而逐渐归于平淡，2022 年加密熊市的到来更是对 DEX 造成了巨大的冲击，DEX 赛道一度陷入沉寂。

不过底层设施的进步为 DEX 赛道注入了新的创新动力，一些新的 DEX 模式正在出现。

在 DEX 发展早期，订单簿与 AMM 这两种机制其实是同步发展的，不过当时作为 DeFi 主战场的以太坊 Gas 费过高，而基于订单簿机制的 DEX 由于需要频繁地设单、撤单，其交易成本会显著高于基于 AMM 的 DEX，所以上一轮牛市中基于 AMM 的 DEX 取得了绝对优势，而基于订单簿的 DEX 逐渐消失。

基于 AMM 的 DEX 虽然成为市场主流，但是仍然存在着不容忽视的缺陷：对于交易者而言，AMM 机制无法提供复杂的交易机制，交易者无法实现复杂的交易策略；对于流动性提供者而言，AMM 机制下提供流动性在面临巨大价格波动时会出现比较大的无偿损失。

随着 Layer2 基础设施的快速发展，Gas 费出现了数量级的下降，订单簿交易机制在经济上具备了可能性，所以融合了 AMM 与订单簿两种交易机制的混合流动性 DEX 开始兴起。

混合流动性 DEX 结合了 AMM 和订单簿的优点，通过创建混合流动性池为每个人提供流动性交易体验。混合流动性 DEX 内部通常有一个在 AMM 和订单簿之间分配订单的结算引擎，它既保证了交易者的滑点最小，又保证了流动性提供者的公平。流动性提供者还可以自定义价格范围提供单面流动性，能够有效管理无常损失。

Polygon 等 Layer2 网络以及 Sui 等新锐公链上都出现了混合流动性池 DEX，未来混合流动性池 DEX 有望推动 DEX 赛道的复兴。

第五节
NFT 开始真正超越 PFP 炒作

一、大众品牌开始进入 NFT 市场

很多大型科技公司和消费品牌已经进入 NFT 市场，NFT 不再是加密社区自娱自乐的玩具，开始真正进入大众视野。

亚马逊正积极推出自己的 NFT 市场：亚马逊数字市场，其重点将放在与现实世界产品和基于区块链的游戏相关的时尚 NFT 上，用户不需要加密钱包，只需使用信用卡或借记卡即可付款。

Web3.0
构建数字经济新未来

星巴克在 2022 年年底推出了星巴克奥德赛计划，该计划使用 NFT 来奖励客户忠诚度。星巴克奥德赛计划旨在奖励忠诚客户并与消费者建立联系，以扩大星巴克社区。星巴克奥德赛计划还将为消费者提供新的咖啡体验和福利。星巴克奥德赛计划并不专注于简单地出售 NFT 以获取利润。相反，该项目侧重于消费者参与和社区建设。星巴克奥德赛计划不是以利润为中心，而是以附加值和体验奖励忠诚的顾客。用户可以赚取星巴克 NFT 印章，类似于他们过去通过星巴克奖励计划赚取福利的方式。不同之处在于，通过星巴克奥德赛计划，用户将通过 NFT 获得新的奖励和津贴。

二、实用型 NFT 的应用范围日益扩大

虽然传统的 NFT 主要专注于代表独特的数字物品或收藏品，但实用型 NFT 超越了这一点，为其所有者提供了实际的用例和功能。

实用型 NFT 的显著特征是它们能够在平台或去中心化应用程序（Dapp）中解锁或授予特定特权、服务或利益。这些代币充当访问某些功能或实用程序的密钥，使它们不仅仅是静态数字资产。实用 NFT 可以代表广泛的服务，包括独家内容、虚拟体验、特殊会员资格、游戏内物品、高级功能的访问等。

实用 NFT 的主要优势之一是它们的可编程性和互操作性。基于区块链技术，实用型 NFT 可以集成到各种 Dapp 或平台中，从而实现不

同生态系统之间的无缝转移和兼容性。这种互操作性允许用户在多个应用程序中使用他们的NFT，从而最大化其价值和效用。实用型NFT可以应用于游戏、虚拟现实、音乐、体育、时尚等领域，为货币化、资产代币化和增强用户参与度提供新的机会。比如：

（一）活动门票

无论这些活动是实体的还是基于虚拟世界的，NFT都可以成为不可篡改的门票的绝佳形式，以确保持票人顺利进入。

NFT门票已经出现了实际应用，Coachella的Keys Collection使用NFT在正在进行的NFT会员计划中向持有者授予终身VIP访问权限。

（二）游戏

游戏NFT能够提升游戏体验，由于区块链交易的可追溯性，游戏创作者可以准确衡量用户活动，从而构建功能性奖励和激励系统。

在这种情况下，NFT可以用作游戏中的收藏品，奖励包括奖品、虚拟活动门票、社区参与日，甚至游戏中的治理代币和特别优惠，为玩家带来更多权利。

我们在Axie Infinity和Sorare等平台看到了更多实用型NFT在游戏世界崛起的例子，后者通过发布NFT球员交易卡重新构想了梦幻足球，让持有者可以根据他们在现实世界中的表现赢得奖品。而且NFT的制作方法有很多种，实际上不存在进入壁垒。

（三）治理

实用型 NFT 可以使持有者对项目或产品的方向拥有可量化的发言权，并可以通过基于代币的投票机制帮助社区有效协作。虽然这在概念上与 DAO 的工作原理类似，但利益相关者可以使用 NFT 作为代币，就关键主题发表意见，并合作克服他们所相信的协议中的挑战。

（四）独家内容

NFT 还可以改变付费墙和独家内容的在线运作方式。通过向忠实客户分发独家 NFT，企业可以在专属在线空间中创建一个充满活力的社区。由 NFT 访问支持的独家内容可以帮助企业创建有效的忠诚度计划，同时也有助于保持粉丝对艺术家和表演者的关注。

（五）DeFi

NFT 也可以在 DeFi 协议中使用。它们可能代表特定金融工具的所有权，授予持有人投票权、收入份额或进入专门的流动性池和借贷平台的权利。